다시, 학교에 갑니다

송유정

KNOWLEDGE COMMUNITY 공동체

교육자원봉사의 내비게이션

이 책 『다시, 학교에 갑니다』는 두 아이 엄마의 인생 중간보고서다. 달콤한 초콜릿 같이 읽힌다. '교육자원봉사'의 체험과 실천한 사례를 솔직 담백하게 고백한다. 참 성실하고 아름답게 살아가는 한 중년 여성의 일상이 엿보이는 귀한 책이다.

저자는 현재 '용인교육지원청' 교육자원봉사센터장이자 교육자원봉사자다. 봉사를 해가며 틈틈이 자신의 실천 사례를 연구하고 이론적으로 정리해 간다. 나는 이 책을 일독하며 송 작가가 우리 용인교육의 좋은 실천 사례를 많이 소개해 주어 교육장으로서 고마운 마음이 앞섰다. 깊이 감사드린다.

송 작가는 센터장으로 활동하는 모습도 늘 대단하셨다. 그런데 이렇게 169쪽의 방대한 분량으로 활동 사례를 이론적으로 정립한 책을 내다니... 참으로 삶의 깊은 철학을 가지고 늘 공부하시는 분이라는 생각이 먼저 떠올랐다. 원고를 읽으며 평생 현장교육을 담당해 온 나도 참 많은 공부가 되었다.

송유정 작가는 '디베이트(Debate) 교육' 전문가다. 전국을 돌며 강의하고 지도한다. 그러나 그도 한때는 '경단녀'였다. "두 아이가 학교에 가 특별한 일 없이 귀가하기만 기다리던 평범한 엄마"였다. 그러던 그가 "큰아이의 초등학교 입학은 나의 입학과도 같았다"며 '학교운영위원회', '학부모 독서동아리'에 적극 참여했다. 자녀와 함께 공부하는 엄마로 변신해 갔다. 여러 자격증을 취득했고, 꾸준히 독서하며 프로인생러로 성장해 갔다. 그러던 어느 날 자신의 인생을 디자인했다. 인생 최고의 가치를 찾아 '교육자원봉사자'의 길을 선택한 것이다.

이 책은 교육자원봉사의 '내비게이션'과 같다. 무엇을, 누가, 어디서, 언제, 왜, 어떻게 해야 하는지 개념부터 실천 사례까지 총괄적으로 소개한다. '교육자원봉사'의 활성화를 위한 대안도 제시한다. 경험하지 않고 연구하지 않은 사람은 절대 집필할 수 없는 역작이다. 그래서일까. 설득력이 강하고, 가독성이 좋아 흥미롭게 읽힌다.

'교육자원봉사'를 희망하는 분들은 물론이고, 교육현장에서 학생들을 지도하는 현장 교사들, 교육 종사자들, 그리고 인생을 리부팅하고 싶은 분들에게 일독을 권하고 싶다. 우리 현장교육의 일면을 볼 수 있는 거울같이 맑은 책이다.

자원봉사는 말 그대로 스스로 원해서 하는 일이다. 강의료나 충분한 실비를 받으면, 그건 더 이상 봉사가 아니라고 송 작가는 단언한다. "한 학기 수고비로 식구들에게 치킨 쏘고 맥주 한잔이면 사라지는 금액"에도 행복과 보람을 느낀단다. 봉사는 자기 '효능감'도 높여주고, 스트레스가 해소되어 마음이 안정된단다. 이런 분들이 계셔서 우리 공교육현장은 늘 활기가 넘친다.

꾸준히 학교 냄새를 맡고 싶다는 송 작가, 그는 교육봉사를 하며 아이들에게 다양한 교육을 경험시켜 주었을 때 뿌듯함과 희열을 맛본단다. 한 번 사는 인생, 누군가에게 도움을 주고 싶단다. 자신의 인생 비망록에 잘 살았다는 흔적을 남기고 싶단다. 원고를 마무리하며 배우 윤여정 말을 인용한다.

"좋아하는 사람과 좋아하는 일을 하며 살아가는 게 인생 최고의 사치다."

송 작가는 지금 그렇게 살고 계심이 틀림없다.

경기도 용인교육지원청 교육장 김희정

귀한 만남, 귀한 나눔

"한 아이를 키우려면 온 마을이 필요하다"라는 말처럼, 2015년 경기도교육청 마을교육공동체 정책은 아이들의 꿈과 성장을 지원할 수 있도록 마을이 함께할 수 있는 자원들을 찾아내는 데 중점을 두었으며, 교육자원봉사센터도 그때 발족이 되었습니다.

교육자원봉사가 시작된 지 벌써 9년이 지나가고 있습니다. 시작부터 지금까지 스쳐 지나간 봉사자, 꿋꿋하게 자리 지키는 봉사자, 마을과 학교를 이어주는 교육청 직원들까지 함께 만들어 간 시간으로 인해 지금의 교육자원봉사센터가 만들어졌습니다. 함께한 모든 순간이 귀하고 귀한 시간이었습니다. 귀한 사람들의 만남, 귀한 재능의 나눔은 거저 되는 것이 없음을 기억해야 합니다.

이 책, '다시, 학교로 갑니다'는 단순한 나눔의 이야기만이 아니라, 봉사의 참된 의미를 다시금 생각하게 해 줍니다. 마을과 학교가 만나고, 어른과 아이들이 함께하는 과정에서 우리는 진정한 교육의 가치를 발견하게 됩니다. 마을과 학교가 어떻게 협력하여 아이들의 성장에 기여할 수 있는지를 작가님의 글을 통해 우리들에게 이야기해 줍니다.

이 책을 통해 교육자원봉사의 가치를 널리 알리고 더 많은 사람들이 이 뜻깊은 활동에 참여할 수 있기를 바랍니다. 교육자원봉사가 지속적으로 성장하고 발전하여 더 많은 아이들에게 꿈과 희망을 심어줄 수 있기를 기대하며 이 책을 여러분께 추천드립니다.

'다시, 학교로 갑니다'

"자, 우리 함께 다시 학교로 가볼까요?"

교육자원봉사의 든든한 뒷배였던 前)업무담당자 성희주

프롤로그 : 해방 이후의 삶

대학 졸업 이듬해에 결혼했다. 3년 반의 연애에 마침표를 찍는다는 이유 말고도 결혼의 이유는 많았다. IMF 이후라 30여 개의 지원서를 냈지만 취업이 안 되었다든지, 아버지 회사의 부도로 꿈꿔왔던 것들을 하나하나 포기해야 하는 상황에 부닥쳤다든지. 나약했던 20대 초의 나에게 결혼은 모든 문제를 단숨에 해결할 수 있는 버튼이었다. 사회생활 경험은 결혼 전 10개월간 동네 작은 학원 영어 선생님을 한 것이 전부다. 월 80만 원을 받았는데 그중 50만 원을 착실히 모아 혼수에 보탰다. 뿌듯하지만 초라한 기억이고 경력이다.

'경력단절여성'은 15~54세의 기혼여성 중 비취업인 여성으로서, 결혼, 임신 및 출산, 육아, 자녀교육, 가족 돌봄의 사유로 직장을 그만둔 여성을 의미한다. 나의 경우 '경력제로'여성이다. 결혼, 임신, 출산, 육아를 하면서 다시 돌아가고 싶은 직장, 사회랄 것이 없었다. 가정이 나의 직장이었으며 아이들로 맺은 인연이 유일한 사회였다. 후회는 없었다. 가정생활과 직장생활을 함께할 자신도 없었고 무엇보다 자녀 양육, 교육이 엄마라는 이름을 가진 나라는 사람의 인생에서 최우선 가치라고 여겼기 때문이다.

하지만 막연히 준비는 하고 있었다. 아이들이 성인이 되면 나도 그들에게서 정신적으로 독립해야 한다는 다짐과 함께 '어떻게 살 것인가', '무엇을 할 것인가'를 늘 고민했다. 고민의 끝은 배움이었다. 멈추어 있으면 안 된다는 생각에 관심 있는 분야를 찾아 착실히 단계를 밟았다. 아이들이 초등학생일 때 전통음식연구소에서 1년간 전문가과정을 밟았던 것이 그랬고, 아이들이 중·고등학생일 때 한국토론대학에서 디베이트코치 전문가과정을 밟았던 것이 그랬다. 덕분에 혼례음식 1급 지도사, 전통음식 1급 지도사, 디베이트코치 1급 자격증을 취득했다. 민간자격증이지만 꿈을 꾸기에는 충분했다.

난 실용주의 학습자다. 돈 주고 배운 건 써먹어야 한다는 주의다. 전통음식전문가 과정을 마친 이후 줄곧 떡, 육포, 장, 장아찌, 김치는 손수 만들어 먹는다. 가끔 지인들에게 판매도 한다. 나이가 좀 더 들면 공방을 열어 요리교실을 열어도 좋겠다는 꿈을 갖고 있다. 그전까지 실력이 녹슬지 않도록 꾸준히 꼼지락거리는 중이다.

한국토론대학 전문가과정을 마친 이후에는 디베이트를 가르쳤다. 둘째 아들과 아들의 친구들을 대상으로 시작한 디베이트 강습은 초중고, 대학생, 성인 강의로까지 이어졌다. 하지만 그 과정은 결코 순탄치 않았다. 디베이트라는 것이 잘 알려지지도 않았거니와 누군지도 모르는 사람에게 교육을 맡기는 바보는 없었다. 손가락만 빠는 날이 많아졌다. 그때 찾은 곳이 교육자원봉사센터였다. 내가 배운 것을 계속 써먹을 수 있는 곳, 가르치는 경험을 탄탄하게 지속할 수 있는 곳, 누구에게 의지하지 않고 나만의 콘텐츠를 만들어갈 수 있는 곳이라고 생각했다.

2019년부터 지금까지 꾸준히 봉사로 디베이트 수업을 해오고 있다. 지역사회에서 공교육의 다양성 확보에 기여하고 있다는 점도 뿌듯하지만 경력제로였던 내가 디베이트코치로서의 경력을 차곡차곡 쌓을 수 있었다는 것이 가장 만족스럽다. 나와 비슷한 처지의 사람들에게 디베이트를 가르쳐 함께 봉사를 하고 저마다의 꿈을 꿀 수 있게 도왔다는 것도 의미 있다.

저출생 시대, 1인 가구 시대, 외벌이가 흔치 않은 시대라지만 여전히 결혼, 출산, 육아가 전부인 이들이 있다. 가치 있는 일이지만 문득 헛헛한 일이다. 고무적인 것은, 자녀 양육은 끝이 정해져 있는 직장이라는 것이다. "끝난 것 같아도 또 새로운 걱정거리가 생겨요."라고 선배 부모님들은 말하지만, 스무살이 되는 순간 서로가 해방되는 것은 사실이다. 해방이라는 게 비단 여성과 육아에만 국한된 문제는 아니다. 퇴직 이후의 삶을 고민하는 그 누구든 마찬가지다. 그 해방의 날에 온전히 나로 설 수 있는 경력을 만든 일. 긴 인생을 살아가는 우리에게 필요한 일이다. 그것이 나에게는 교육자원봉사였다.

가르치는 일을 좋아하고 아이들의 재잘거림을 좋아하는 이들이 계속해서 꿈을 꿀 수 있는 일. 내가 아는 것으로 사회에 작은 보탬을 주는 일. 배우고 나누어서 서로가 성장하는 일.

교육자원봉사를 많은 이들에게 소개하고 싶은 이유다.

차례

When 교육자원봉사의 시간

Why 교육자원봉사의 목적과 이유

How 어떻게 해야 잘할까

What

교육자원봉사란...

1. 학교에 갑시다

폭력, 불신, 갈등, 민원, 침해.

학교 관련 뉴스에 등장하는 단어들을 보면 침울해진다. 무엇이 교육현장을 이렇게 황폐하게 만들었을까 생각하면 갑갑하다. 교육자원봉사자라는 이름으로 2019년부터 학교에 가고 있는 내가 보기에 학교는 밖에서 듣는 것만큼 어둡고 슬프지 않다. 학교는 여전히 예쁘다. 아이들은 사랑스럽고 선생님들은 반짝인다. 그 사실을 많은 사람들이 알았으면 좋겠다.

오랜 기간 학부모로서의 삶을 살다가 부모의 삶으로 돌아오는 길목에서 교육자원봉사를 만났다. 학교 교문과 교실 문을 넘어 교실 안에서 선생님과 아이들을 만났다. 내가 학생일 때는 알지 못하던, 학부모일 때는 보지 못하던 '학교'가 보였다. 늘 좋은 모습만 보고 항상 즐거웠던 것은 아니지만 학교를 보는 관점이 입체적으로 변한 것은 사실이다. 나만 하기에는 너무 아깝고 귀한 경험이라 많은 사람들에게 전하고 싶어졌다.

2015년부터 시작된 교육자원봉사는 '경기도 꿈의학교, 몽실학교, 교육협동조합'과 함께 마을교육공동체 사업의 한 꼭지를 담당하며 등장했다. 그 역사적인 시작부터 함께하지 못한 나는 밥상이 잘 차려진 후 숟가락만 들고 나타난 봉사자였다. 혼자 밥상 앞에 서서 쭈뼛대고 있다가 함께할 사람들을 찾았다. 그리고 팀을 이루어 용인교육자원봉사센터에 새 밥상을 하나 더 차렸다. 이제는 타 지역 교육자원봉사센터나 경기도교육청 업무담당자 연수에 가서 밥상 차리는 법을 강의하고 다니는 수준이 됐다. 만 5년간의 행적이다.

교육자원봉사란?

교육자원봉사는 학교에서, 교과시간에, 학생들을 대상으로, 다양한 교육 경험을, 무상으로 제공하는 활동을 말한다. 특정 분야의 교육기부를 하는 봉사 외에 일반 자원봉사 분야도 포함한다.

일반 교육자원봉사활동에는 현장체험학습 지원, 행정업무지원, 학교환경지원, 학교행사지원, 학교도서관 지원, 진로 교육 및 상담, 방과 후 활동 지원, 돌봄 교실 지원 등이 있다. 한마디로 학교에서 원하는 모든 분야를 지원하는 것이다. 처음엔 그랬다. 학교와 관련된, 교육과 관련된 모든 분야의 빈틈을 자원봉사자가 담당해 주는 것이었다. 심지어 화단에 꽃 심기나 조경 활동까지도 요청해 왔다. 하지만 봉사자들은 서서히 '봉사'라는 것에 주체성을 담기 시작했다. 학교에서 필요하다는 것 말고, 비용을 들여 인력을 채용해 해결할 수 있는 일 말고, 학교에서 하지 못하는 교육, 학교에서 한다면 좋을 것 같은 교육을 마을의 활동가들이 대신해 주는 것으로 인식하기 시작한 것이다.

주로 전래놀이, 공예, 책놀이 등이 그 처음을 주도했다. 용인교육자원봉사센터의 경우, 전래놀이에서 시작했던 분야에 디베이트, 그림책 리터러시, 회복적 생활교육, 감정놀이터, 에코 힐링 토털공예, 패널시어터, 용인 마주하기, 환경교육, 안전교육까지 추가되어 활발하게 운영 중이다. 이러한 활성화에는 여러 가지 이유가 있지만 그 중심에는

업무담당자의 활약이 있다.(그분의 활약상(?)에 대해서는 뒤에서 언급하려 한다)

용인교육자원봉사센터에서 일반 봉사와 교육기부 봉사 모두가 활성화될 수 있던 것은 교육자원봉사의 영역을 일반 봉사와 교육기부, 두 가지로 안내해 따로 신청을 받았기 때문이다. 당연한 것 아닌가 싶겠지만 그 당연한 것을 다른 교육자원봉사센터에서는 하지 못하고 있었다. 준비된 교육기부 프로그램이 없기도 했거니와 학교에서 요구하는 일반 필요 인력만을 충당하는 것이 교육자원봉사라고 인식하는 경우가 많았기 때문이다.

우리 교육자원봉사센터에서는 투 트랙으로 수요조사를 했다.

먼저, 학교를 상대로 일반 봉사 분야 수요조사를 하고 준비된 인력풀과 매칭을 해준다. 교육자원봉사자 중에는 퇴직한 교직원, 공무원도 많고 마을 주민도 있는데 주로 이분들이 일반 교육자원봉사를 담당한다.

이와 함께 다양한 교육기부 프로그램 계획서를 학교에 안내한다. 기존에 구축된 전문 분야 봉사팀뿐 아니라 개인

교육기부자에게도 프로그램 계획서를 받아두기 때문에 생각보다 다양한 분야가 준비되어 있다. 한복 디자인, 도자기 공예 등 고유한 재능을 가진 분들이 대거 대기 중이다. 학교는 프로그램 안내서를 확인한 후 원하는 분야를 골라 교육자원봉사를 신청하면 된다.

전문화된 교육기부 프로그램이 준비되어 있다는 것은 여러 가지 효과를 가져다준다.

첫째, 학교 측에 교육자원봉사가 전문화된 봉사라는 신뢰를 심어줄 수 있다.

아무나 하는 교육기부가 아니라 해당 분야의 경력자들이 학교 현장에서 전문 지식을 나누는 프로그램이라는 인식을 전하게 되는 것이다. 물론 이를 위해서 교육자원봉사센터에서는 봉사자들의 능력을 확실히 검증해야 한다. 용인에서는 봉사자들이 돌아가면서 수업 시연을 하고 자체 스터디를 꾸준히 함으로써 전문성을 갖추기 위한 노력을 하고 있다. 교육자원봉사의 신뢰와 위상은 봉사자 스스로 끊임없이 프로그램을 개발하고 공부할 때 높아진다고 믿기 때문이다.

둘째, 학교에서 소화하지 못하는 교육의 분야를 지역사회 활동가들이 해결해 줌으로써 진정한 교육공동체를 실현하게 된다.

공교육에서 선생님들이 할 수 있는 교육의 범위는 한정되어 있다. 외부강사를 들이기에는 재정적인 한계도 따른다. 지역 주민으로 구성된 봉사자들이 하는 교육봉사는 마을 안에서 교육의 선순환을 이끌어 내는 보기 좋은 그림을 만들어낸다. 경기도가 추구하는 교육공동체의 바람직한 모습이다. 교육공동체에도 변화의 바람이 불었지만 '교육자원봉사'는 건재하다. 진보와 보수를 떠나 교육을 위해 온 마음을 다하는 교육자원봉사자들의 헌신을 알아본 것이라고 믿는다.

'교육자원봉사란 무엇이다'라는 고정된 개념은 없다. 참여하는 봉사자마다 추구하는 바, 목표하는 바가 다를 것이기 때문이다.

내가 생각하는 교육자원봉사란, 학교 교육현장의 빈틈과 사각지대를 메워줌과 동시에 교육의 다양성을 확보해주는 마을 사람들의 활동이라고 생각한다. 학교 혼자 감당하기에 힘든 것을 나누고 학교에서 다루기 힘든 분야들을 학생들에게 노출, 체험시켜서 교육의 다양성을 확보해 주는 것. 마을의 주민들이 마을의 학생들을 위해 각자의 시간과 재능을 조금씩 나누는 것. 마을의 모두가 손을 잡고 학교 현장으로 뛰어 들어가 우리가 할 수 있는 것으로 학교와 마을을 이롭게 하는 것. 그게 내가 생각하는 교자봉이다.

마을을 이롭게 하기 위해 학교로 가는 마을 사람이 많아진다면 오늘날의 갈등과 반목도 조금씩 줄어들지 않을까 기대하는, 나는 교자봉이다.

2. 이상적인 봉사란...

교육자원봉사는 일반 봉사와 많은 부분에서 차이가 있다. 자발성, 공공성, 무보수성, 책임성 등 기본적인 특성은 같지만 '교육'이라는 단어 하나가 갖는 무거움은 상당하다. 4, 50분 동안의 학교 수업을 위해 봉사자가 쏟는 시간은 몇십 배가 된다. 내가 가르치고 있는 디베이트 수업의 경우 주제를 정하면 봉사자끼리 모여 주제 연구 시간을 가진다. 주제가 가지고 있는 쟁점을 파악해 찬반의 논거를 확인하고 그에 따른 자료를 검색, 수집한다. 수집한 자료를 학생들이 읽기 쉬운 자료로 가공, 편집하여 읽기 자료를 만든다. 2차시씩 3회 동안 이어지는 수업에서 학생들의 가이드가 되어줄 활동지를 만들고 매 수업 진행을 매끄럽게 도와줄 PPT도 만든다. 모든 자료가 준비되었다고 끝이 아니다.

돌아가며 시연을 한다. 실제 수업을 진행해 보면 알게 되는 수업 시나리오의 문제점, 활동지와 읽기 자료의 오류를 파악하고 수정하는 일을 반복한다. 지난하고 피로하지만, 양질의 수업을 위해 꼭 필요한 과정이다.

몇 년 전, 봉사자 한 분이 하차를 선언했다. 장고 끝에 내린 조심스러운 결정이라고 했다. 잡을 수 없었다. 자발적 활동이니 언제든 자발적으로 끝낼 수 있다. 하지만 차오르는 아쉬움과 휑해지는 마음까지 어쩔 도리는 없었다. 나의 그 마음까지도 온전히 느끼고 받아들여야 했다. 동시에 그 분이 던져준 화두에 대해 고민했다.

하차의 이유는 크게 두 가지였다.

첫 번째는, 개인적이면서 개인적이지 않은 이유였다.

어떤 일이든 완벽히 준비해야 행동할 수 있는 본인의 성격 때문에 준비과정이 버겁다고 했다. 이해했다. 수업 하나를 위해 책을 읽고 교안을 준비하고 읽기 자료를 준비하는 과정은 교육자원봉사가 가지고 있는 치명적 약점 중 하나다. 재난 지원이나 청소, 방역 등의 일반 봉사는 해당 공간에 도착함과 동시에 봉사가 시작되지만 교육자원봉사는 훨씬 전부터 많은 시간 동안 준비해야 한다는 것이 큰 부담으로 작용한다. 거기에 덧붙여, 본인만큼 열심히 준비하지 않는 다른 봉사자들을 보면 기운이 빠진다고 했다. 그것이 완벽을 추구하는 본인 때문에 생긴 허탈감인지는 모르겠지만, 아무튼 힘든 부분이라고 했다.

완벽을 추구하는 그분의 성격은 익히 알고 있었다. 봉사를 나가기 전 여러 번의 시연을 자처했기 때문이다. 귀찮고 힘들 텐데 어떻게 저렇게 열심히 준비하는지 경외감이 들 정도였다. 결국 그게 독이 될 것이라고 어렴풋이 예측하기는 했다. 지치겠구나, 걱정했다. 모든 봉사자가 같은 강도로 열과 성을 다하지는 않는다는 것도 알고 있었다. 아이들 앞에 설 때 부족함 없도록 최선을 다해 준비하는 이도 있을 테고, 이 정도면 충분하다고 생각하는 이도 있을 테다. 하지만 그건 수업을 나갔을 때 스스로 체감해 극복할 일이라고 생각했다. 수업을 해보면 누구보다 당사자가 잘 안다. 나의 준비가 충분했는지 아닌지... 어쨌든 그분의 첫 번째 고민을 나는 해결해 줄 수 없었다. 고로, 잡을 수 없었다.

두 번째는, 봉사 대상에 대한 문제였다.

그 봉사자는 우리가 하는 교육자원봉사가 본인이 평소

에 생각했던 '이상적인 봉사'에서 멀다고 했다. 교육소외지역의 아이들, 디베이트라는 건 듣지도 보지도 못했던 아이들, 열악한 교육환경에 처한 아이들을 위한 봉사를 생각했노라 했다. 하지만 우리가 봉사를 하는 아이들은 도심에 살며 이미 사교육에 노출된 아이들이 대부분이었다. 교육자원봉사를 신청한 학교 대부분이 도심에 있는 학교였으니 우리로서는 선택의 여지가 없었다. 나 역시 교육자원봉사가 그들에게 진정 필요한 일인가, 갈급한 일인가를 끊임없이 고민했노라 고백해야 했다.

나도 봉사에 대한 이상, 로망이 있다. 산간벽지를 돌아다니며 다양한 교육 경험이 부족한 아이들을 대상으로 봉사하고 싶었다. 그래서 여러 곳의 문을 두드렸다.

용인다문화가족지원센터를 방문한 적이 있다. 김천에 사는 코치 한 분이 다문화센터와 연계해 디베이트 수업을 하고 계신 것이 의미 있어 보였기 때문이다. 용인에도 다문화가정이 많을 테고 내가 할 수 있는 일이 있으리라 생각했다. 하지만 용인의 현실은 다소 달랐다. 용인다문화가족지원센터는 수원 광교 근처 아파트 밀집지역에 위치해 있었다. 교육 인프라가 부족한 지역에 사는 다문화가정의 학생들이 접근하기에는 너무 멀었다. 게다가 이미 각종 프로그램이 빽빽하게 돌아가고 있었다. 지역아동센터에 디베이트 프로그램 안내 메일을 여러 차례 보내기도 했다. 상대가 읽기는 했으나 답이 온 적은 없다. 들은 바에 따르면 지역아동센터도 이미 운영 중인 프로그램이 많다고 했다.

내가 원하는 곳에서 원하는 대상을 상대로 봉사한다는 것은 불가능해 보였다. 봉사에서도 이상과 현실의 괴리가 존재하는구나 생각했다. 그래서 두드린 곳이 교육자원봉사센터였다. 할 수 있는 곳에서 할 수 있는 만큼부터 시작하기로 한 것이다. 대상에 대한 고민은 접어두었다. 사교육에 많이 노출된 아이들인지, 토론을 많이 접해본 아이들인지, 다양한 교육 경험을 쌓아본 아이들인지는 신경 쓰지 않았다. 다만, 디베이트를 처음 접해본다는 아이들에 고무됐고 수업 후 재미있고 유익했다는 반응에 만족했다. 여전히 아이들은 토론을 낯설어하고 앞에 나와 말하는 것을 어려워하니 내가 조금이나마 도움을 줄 수 있다고 생각했다. 그거면 됐다고 믿었다. 그런데 과연 그거면 된 걸까? 그 아이들에게 정말 필요한 봉사일까?

내게 처음으로 디베이트를 배웠던 아이들이 대학생이 됐다.

작은 아들을 포함한 그 아이들과 5년 전, 대전의 한 초등학교로 디베이트 봉사를 간 적이 있다. 2박 3일 동안 그 아이들의 엄마들까지 내려가 숙식을 함께 하면서 "나중에 버스 한 대를 빌려 전국 산간벽지, 섬마을 같은 데로 봉사를 다니는 건 어떠냐?"는 우스갯소리를 한 적이 있다. 버스 옆면에는 '으라차차 디베이트 봉사 유랑단'이라는 현수막을 펄럭이며 말이다. 어쩌면 내가 생각하는 이상적인 교육 봉사도 그만두신 봉사자의 그것과 다르지 않을 것이다. 다만, 막연한 내일을 기약하며 손 놓고 있는 대신 지금 가능한 곳에서 봉사를 시작하겠다는 것과, 신념에 맞지 않는다면 하지 않는 게 낫다는 것의 차이가 아닐까...

어떤 것이 옳다 아니다를 판단할 수 없는 문제이기에 두 번째 이유에도 반박하지 못했고, 그분을 잡지 못했다.

봉사자 한 분을 잃었지만 고민거리를 얻었다.

봉사에 적당한 대상이라는 것이 있는지, 이상적인 봉사라는 것이 있는지, 봉사에 필요조건이라는 것이 있는지, 내가 하고 있는 봉사가 누군가에게 도움이 되고는 있는지...

봉사를 하면 할수록 무수한 고민과 질문이 쌓인다. 그 답을 찾아가는 과정이 흥미롭다. 그래서 여전히 봉사를 하고 있는, 나는 교자봉이다.

Who

교육자원봉사를 만드는 사람들

3. 학부모, 교육자원봉사를 시작하다

평범한 학부모였다. 아이가 학교에 가서 특별한 사건 사고 없이 귀가하기만을 기도하는 두 남자아이의 엄마였다. 내가 학교에 갈 일은 두 가지 경우밖에 없다고 생각했다. 아이들이 사고를 쳤거나, 아이들이 임원이 되면 하는 수 없이 학부모회의에 참석해야 하거나...

어쩌다 교육자원봉사의 길에 발을 들여놓게 되었을까?
어떻게 학교에 가서 가르치는 사람이 되었을까?

대단한 뜻을 품고 '그래, 이제부터 교육자원봉사를 시작해 봐야겠어!'라고 한 게 아니었다. 그게 뭔지도, 그런 게 있는 줄도 몰랐다. 어쩌다 보니 그렇게 된 거였다. 이 일의 시작은 아이를 낳고 그 아이가 자라서 학교를 가고, 덕분에 내가 '학부모'가 되었던 시절까지로 거슬러 올라가야 한다.

큰아이의 초등학교 입학은 나의 입학과도 같았다. 극성스러운 엄마로 보이고 싶지는 않았지만 학교 활동에 소극적이고 싶지도 않았던 게 사실이다. 결국 극성 맘이었다는 이야기를 이렇게 돌려 말하고 있다. 할 수 있는 봉사는 다 했다. 등굣길 교통봉사(명칭 개선에 대한 요구가 있지만 정식 명칭은 녹색어머니회다)와 급식지도, 급식 검수 모니터링, 하굣길 안전지도 봉사를 했다. 저학년 교실 청소는 학부모들이 돌아가며 하던 시절이라 때가 되면 고무장갑 챙겨 들고 청소봉사를 했다. 5월쯤에 차례가 걸리면 선풍기 날개와 에어컨 필터까지 다 분리해 물로 닦았다. 나와는 달리 꼼꼼한 엄마들이 많았다. 언젠가는 창문까지 다 뜯어내 닦자고 하는 누군가의 선동에 따른 적도 있었다. 여러 명의 엄마들이 달려들었으니 수월하게 끝나기는 했지만 지금 생각해 보면 극성이 만연하던 시절 이야기다.

그렇게 흘러 흘러 아이가 중학생이 되고 임원이 되면서 나도 덩달아 임원 엄마로서의 할 일들이 생겼다. 중간, 기말 시험감독 봉사, 체육대회나 축제 때 먹거리 장터 봉사, 축제 장소 이동 시 안전지도 봉사를 했다. 축제 때 중학교

3학년 엄마들은 간단하게 준비할 수 있는 츄러스나 솜사탕을 판매하지만 1학년 엄마들에겐 다소 난이도 있는 메뉴인 떡볶이와 어묵탕이 배당됐다. 전날 장보기부터 시작해 당일 새벽에 모여 재료 손질까지 도맡아 했다. 조리조, 전달조, 판매조로 나누어 일사불란하게 일했다. 온종일 팔아도 재료비 빼면 남는 게 없어 십시일반 돈을 모아 수익금을 만들어내기도 했다. 몸으로 봉사하고 기부금도 냈던 것이다.

모든 학부모들이 함께 참여하면 좋았겠지만 어디에나 일하는 사람은 정해져 있다. 전업주부 여부와는 상관없이 학부모들의 바람은 똑같은 것 같다. 학교 일에 동원되는 건 최대한 피하고 싶지만 학교에서 일어나는 일은 소상히 알고 싶다는 것. 책임지고 싶지는 않지만 의견은 반영됐으면 좋겠다는 마음.

난 그게 안 되는 사람이었다. 학교 돌아가는 게 알고 싶다면 나도 어느 정도 기여해야 한다고 생각했고, 의견을 내고 싶다면 책임지고 나설 때도 있어야 한다고 여겼다. 그러다 보니 어느 날 학교폭력자치위원회 위원이 됐다.

큰아이 중학생 때 했던 2년간의 학교폭력자치위원은 참으로 힘든 일이었다. 전문성 논란에 시달려야 했고 가슴 아픈 사연 앞에서 흔들리지 않기 위해 이를 악물어야 했다. 밤늦게까지 이어지는 회의 때문에 내 새끼들 밥을 못 챙겨 준 적도 있었고, 집으로 돌아오면 그날의 사건을 반면교사로 삼기 위해 아이들 단속에 들어갔다. 내 시간뿐 아니라 정신까지 내놓았던 봉사였다. 그래서 큰아이의 고등학교 입학과 함께 학교에는 발도 들여놓지 않으리라 결심했다. 학교는 아이가 다니는 것이며 고등학생씩이나 됐으니 엄마 할 도리는 다 했다고도 생각했다. 그런데 중학교까지의 내 봉사활동을 높이 사준 어떤 이의 추천 덕에 학부모회장직을 맡게 됐다. 학부모회장 경험도 없고 입시 경험도 없는 완전 초보 숙맥 새내기 학부모에게 학부모회장을 맡기다니. 어지간히 인물이 없었던 것이다.

학교운영위원은 하고자 하는 사람들이 많다. 아주 오래전 육성회라고 불리던 시절처럼 돈이 들어가는 일이 아니거니와 학교 운영 전반을 파악하고 의결할 수 있는 일이라 인기가 많다. 어떤 학교는 열띤 경쟁으로 인해 강당에서 밤늦게까지 투표를 하기도 한다. 반면 학부모회는 어느 학교나 구성이 힘들다. 나서서 하겠다는 사람이 없다. 학부모회는 권한도 없고 영향력도 크지 않다. 학부모와 학교 사이의 가교 역할을 하는 정도다. 물론 중요한 일이기는 하나 학부모들의 원성과 학교의 해명 사이에서 정신 바짝 차리고 있어야 하는 일이다. 그래서 아무도 나서는 이가 없던 그 자리에 지인이 떡하니 나를 추천해 버린 것이다. 두고두고 원망하겠다, 언젠가는 복수하겠다는 비명을 질렀지만 큰아이 때 2년, 작은아이 때 2년 총 4년 동안 고등학교 학부모 회장직을 수행했다.

학부모 독서동아리를 만들고 진로진학 동아리를 만들어 매달 모임을 가졌다. 권역별 네트워크라고 하는, 우리 구에 있는 10개 고등학교 학부모회의에도 참석하고 거기서도 대표를 맡았다. 그러면서, 그분을 만났다.

경기도의 각 교육지원청에는 학부모 지원 전문가라는 교육공무직원이 있다. 주로 학부모 관련 업무를 담당하지만 다른 보직을 겸하기도 한다. 내가 만난 학부모 지원 전문가 선생님이 담당하신 또 다른 업무가 바로 '교육자원봉사센터' 일이었다. 교육자원봉사자와 수요처를 발굴하고 매칭하는 업무를 했다. 여러 번 학부모회 일로 만나다가 내가 디베이트 강사로 활동하는 걸 알게 된 그분이 내게 교육자원봉사센터 월례모임에 한번 와보라는 손짓을 하셨다. 뭐 하는 곳인가 구경이나 해보자는 심산에 찾아갔다가 학교에 가서 아이들에게 무료로 강의한다는 사람들을 보았다. 가르치는 것에 신이 나 있었고 내내 즐거워 보였다. 사람에게 어떤 목적이 있어서 접근하지 않는 사람들, 돈 한 푼 받지 않는 일에 열정을 다하는 사람들. 그들이 신기하고 궁금했다. 더불어 나도 내가 사는 곳에서 나의 작은 재능을 기부한다면 좋겠다는 생각을 해보게 됐다.

그렇게 2019년 교육자원봉사를 처음 시작했다. 첫해에 1학기 26시간, 2학기 41시간, 도합 67시간을 봉사했다. 나와 함께할 디베이트 교육자원봉사자를 양성했고 혼자 하던 봉사에서 팀과 함께 하는 봉사로 거듭나는 2020년을 준비했는데... 코로나로 주저앉아버렸다. 긴 공백기를 거치고 나니 15명의 봉사자 중 5명만 남았고, 이들은 아직까지 나와 함께 디베이트 교육자원봉사를 하고 있다.

교육자원봉사를 처음 알게 된 이후 5년간의 이야기다.

학부모로 시작해 학교봉사를 거쳐 지역사회의 교육자원 봉사자로 이어진 나의 경로를 따라오는 이들이 분명히 있으리라 믿는다. 뜻한 바는 없지만 어쩌다 보니 뜻이 생겼을 수도 있고, 큰 뜻을 먼저 품고 교육자원봉사센터의 문을 두드리는 이도 있을 것이다. 중요한 것은 매 순간 선택은 내가 했다는 것이다.

학부모가 된 것도 나의 선택이었다. 학교에서 봉사를 한 것도 나의 결정이었다. 혹자는 학교가, 교육청이 학부모를 봉사에 동원한다고 하지만 아무리 애타게 불러도 응답하지 않는 사람은 안 하지 않던가. 어디까지나 각자의 선택과 결정이다. 교육자원봉사도 마찬가지였다. 아무도 동원하지 않았다. 스스로 원해서 시작했고 더 원해서 남았다.

아무리 돌이켜보아도 참 잘한 결정이었다고 생각한다. 아무리 이름난 강사라도 학교에 가서 아이들과 선생님을 만나는 경험을 아무나 할 수는 없다. 그런데 교육자원봉사를 하게 되면 학교에서 공식적으로 나를 불러준다. 아이들의 일과, 선생님들의 면면을 들여다본다. 아이들과 함께 웃고 떠드는 쉬는 시간을 보내게 되고 선생님들과 커피 한잔을 마시며 편하게 이야기 나누는 시간도 가진다. 그러다 보면 학교와 선생님들의 사정, 그들의 고충, 그들의 한계, 그들의 아픔, 그들의 분노를 조금이나마 이해하게 된다. 함께 아이를 키우는 마을 사람으로서 나의 역할을 고민하게 되고 교육자원봉사의 가치를 더 실감한다. 그래서 난, 교육자원봉사라는 길에 많은 학부모들이 동참하기를 바란다. 내 아이만을 위해서가 아니라, 내 아이와 함께 살아가는 마을의 아이들을 위해서 모두와 손잡기를 바란다. 옆에 있는 학부모와, 학교에서 만난 선생님과, 교육자원봉사센터에서 만난 많은 봉사자들과 말이다.

4. 프리랜서 강사, 교육자원봉사를 시작하다

2016년 말 디베이트를 배우기 시작해 2017년부터 강의를 뛰기 시작했다. 2018년 말 디베이트 교습소를 차렸고 2020년, 코로나를 핑계로 2년 만에 문을 닫았다. 2024년 현재, 8년째 디베이트 강의를 계속하고 있다.

무당의 신기가 가장 올랐을 때가 신내림 받은 지 3년 차일 때라 하던데, 한창 물오른 디베이트코치 3년 차이던 2018년 말, '용인교육자원봉사센터'라는 곳을 방문하게 됐고 2019년부터 본격적으로 봉사를 시작했다. 용인에 있는 초등학교 두 군데에서 5학년 학생들 전체를 대상으로 디베이트 수업을 한 것이 첫 봉사였다. 기존 봉사자들 중에는 팀으로 움직이는 분들이 있었다. 부러웠다. 나에게도 동지들이 생긴다면 참 좋겠다고 생각하던 차에 용인마을교사

양성과정이 추진됐다.

<전래놀이>, <회복적 생활교육>, <감정 놀이>, <토털공예>, <책놀이>, <사람책>. 이 6개 분야에 내가 가르치는 <디베이트>가 합쳐져 총 7개 분야의 '용인마을교사'가 탄생했다. 디베이트와 책놀이를 제외하고는 모두 이미 팀을 이루고 있던 영역이었다. 그들에게는 팀원 확충이 목적이었고 내게는 새로운 팀을 만드는 게 목적이었다. 총 20여 명의 지원자에게 일일이 전화를 걸어 면접을 진행했다. 사실, 면접이라기보다는 사전 안내였다. 이 무료 강의의 취지와 목적은 교육자원봉사이니 하루 3시간씩 총 8회에 걸쳐 진행되는 긴 과정이 끝나면 나와 함께 교육자원봉사를 나서자는 협조요청이기도 했다.

8주간의 강의가 끝나고 또 몇 주간의 연구모임이 끝났다. 결전의 날을, 학교에 찾아가 아이들을 만날 날만을 기다리던 용인마을교사들은 실전에 나서지도 못하고 꼬박 한 해를 보내야 했다. 코로나로 학교는 문을 걸어 잠갔고, 누군가의 엄마인 마을교사들은 자신의 아이들을 챙겨야 했다. 그렇게 주저앉기를 1년. 끝이 보이지 않는 코로나 앞

에서 학교는 다시 문을 열고 손님 맞을 준비를 했다. 흩어졌던 전우를 불러 모아야 했다. 그간 취직한 사람, 아이들에게 집중하겠다며 봉사를 정중히 거절한 사람들을 제외하니 8명이 남았다. 14명이 수료했으니 반은 넘게 남은 셈이었다. 이 정도면 충분하다고 생각하며 전열을 가다듬었다. 2021년, 2022년, 2023년. 그렇게 3년 동안 우리는 열심히 교육자원봉사를 다녔다. 인원은 여섯 명으로 줄었지만 최정예요원만 남았다고 생각한다. 학부모였던 이들이 교육자원봉사자가 되었고, 봉사로 다진 경력 덕분에 유료 강의도 함께 다니고 있다. 귀한 인연이 아닐 수 없다.

강사였던 나는 왜 교육자원봉사를 시작했는가…

처음엔 새로 오픈한 교습소가 잘되기를 원하는 마음이 컸다. 나름, 계산기를 두드렸던 것이다.

'초등학교에 디베이트 자원봉사를 간다 → 아이들이 학교에서 배웠다며 엄마에게 디베이트를 배우고 싶다고 조른다 → 엄마들이 디베이트를 검색한다 → 검색하니 내 교습소 상호가 뜬다 → 전화를 해서 상담을 한다 → 내 교습소가 흥한다.' 이렇게 꼬리에 꼬리를 문 상상이 날 움직이게 했다. 하지만 어느 누구도 아이가 학교에서 배웠다며 상담전화를 해오지 않았다. 내 검은 속내는 통하지 않은 것이다.

그렇다면 교습소를 정리한 지 4년이나 지난 지금, 난 왜 발을 빼지 않고 여전히 교육자원봉사센터에 남아있을까? 협회에 소속돼 강의도 하고 있고 초, 중, 고, 대학에서 특강도 바쁘게 다니고 있는데 왜 시간을 쪼개가며 교육자원봉사를 하고 있을까?

무엇보다 교육자원봉사를 놓지 못하는 이유는 꾸준히 학교 냄새를 맡을 수 있기 때문이다. '프리랜서 강사'라는 직업은 선택받아야 강의를 할 수 있다. 코로나 같은 대형 변수가 생기거나 예산이 삭감되는 비용의 이슈가 생기면 가장 먼저 타격을 입는 사람이 외부강사다. 교육자원봉사는 그런 상황에서도 건재하다. 교육지원청에 속한 기관이다 보니 업무협조가 이루어지기도 하거니와 무엇보다 무료라는 강력한 무기가 있으니 학교 입장에서도 마다할 이유가 없다. 교육자원봉사자로 사는 한, 강의는 끊이지 않고 할 수 있다는 것, 나를 찾는 곳이 있다는 것은 큰 위안이다. 수업의 감을 잃지 않을 수 있고 '가르치는 일을 하는 사람'이라는 자긍심을 잊지 않을 수 있다. 그러니 프리랜서 강사로 사는 사람들에게 교육자원봉사는 숨구멍 하나 만들어 놓는 일이다.

몇 년 전 경기도 교육자원봉사센터 컨설팅단으로 활동하던 시기의 일이다.

경기도 어느 지역의 교육자원봉사센터를 방문했는데, 인상적인 외모의 아저씨 한 분이 운영지원단이라며 등장했다. 무늬가 화려한 냉장고 바지, 흰색 슬리퍼, 멀리서 봐도 도드라지는 색으로 칠한 엄지발가락, 삐딱하게 쓴 모자, 목이 늘어난 티셔츠만으로도 시선 집중이었는데 등장도 예사롭지 않았다. 교육자원봉사 컨설팅에 30분이나 늦게 도착한 그는 대회의실 저쪽 끝에 있는 문에서 회의가 열리는 곳까지 한 치의 서두름도 없이 평온한 속도로 슬리퍼를 찍찍 끌며 나타났다. 코 밑으로 살짝 내려온 마스크 안쪽으로는 덥수룩한 콧수염이 보였다. 모자 밖으로 머리카락이 보이지 않는 것으로 보아 바짝 자른 헤어스타일이 짐작됐다. 일수가방을 들고 있다고 해도 무리가 없을 차림이었다. 컨설팅 자료에 올라온 그의 이름 옆에는 '학부모'라고 적혀 있었다.

'30대 후반이나 40대 초반으로 보이는데 초등학생 학부모인가?'

회의 중 들어온 낯선 이에게 나의 온 신경이 집중됐다. 그는 자리에 앉아서도 시종일관 다리를 떨었고 불만이 있는 건지 관심조차 없는 건지 모를 얼굴을 하고 있었다. 그의 등장부터 시작해 모든 것이 나의 호기심을 자극하고 있었다. 아니다. 내 신경에 거슬렸다는 게 더 솔직한 표현일 게다. 그가 어떤 봉사를 어떻게 하고 있는 사람인지 당최 예상이 되지 않았다. 궁금증과 의구심이 동시에 일었다.

해당 지역은 그해 초 겨울방학 때 중학생들을 대상으로 학습멘토링 프로그램을 운영했다. 대학생을 비롯한 봉사자들이 멘토가 되어 중학생들에게 국, 영, 수 학습을 도와주었다. 교육지원청에서 교재를 준비해 주었고 학생 두 명에 멘토 한 명이 짝을 이루어 일주일에 세 번씩 총 16회에 걸쳐 줌으로 교육자원봉사를 했다. 꽤 괜찮은 프로그램 같았다. 코로나로 학생 간 교육의 격차가 커진 시점에 적절한 도움이겠구나 싶었다. 업무담당자의 설명이 한참 이어지던 그때였다. 슬리퍼 신은 발을 까딱거리며 손깍지를 끼고 앉아 굉장히 산만한 태도로 있던 그가 입을 열었다.

“제가 한 말씀 드리겠습니다. 그 프로그램을 위해 주무관님부터 시작해 교육지원청에서 많은 신경을 쓰신 건 알겠는데요, 아이들에게 필요한 건 그런 게 아니에요. 공교육에서 배우는 국, 영, 수를 과외처럼 해주는 게 교육자원봉사는 아니잖아요. 교육청에서 준비한 교재, 전 안 썼습니다. 대신 고전 읽기를 했어요. 함께 고전을 읽으면서 이야기를 나누었어요. 온라인 클래스 하면서 아이들이 받았던 스트레스를 풀어주고 고민을 들어주었습니다. 그게 훨씬 더 의미 있는 시간이었다고 생각했거든요. 그리고요, 제가 보기보다는 가방끈이 길어요. 그래서 대학에서 강의도 하고 그러는데요, 우리 모두 이제는 알잖아요. 그런 거 세상 사는 데 큰 의미 없다는 걸요. 아이들에게 필요한 건 국, 영, 수가 아니에요.”

회의장에 있던 모두가 고개를 끄덕였다. 교육자원봉사의 내용과 방향에 대한 그의 시각이 맘에 들었다.

“전 명상을 가르치고 명상이 굉장히 중요하다고 생각하는 사람이에요. 그런데 그걸 알릴 길이 없어서 교육자원봉사를 시작하게 된 겁니다. 오랜 시간 집중을 하지 못하는 초등학생들에게는 걷기 명상을 하면 되고요, 움직이기 싫어하는 고등학생들을 위한 나름의 명상법이 다 있습니다.

아이들이 명상을 하고 나면요, 그렇게 좋아할 수가 없어요. 그런 거 해주는 게 교육자원봉사 아닙니까? 그리고 전요, 제발 학교와 교육청에서 꿈 좀 강요하지 말았으면 좋겠어요. 자유학기제다 뭐다 해서 꿈을 찾으라 하는데, 꿈이 없으면 좀 어떻습니까? 꿈이 없으면 불안해하고 꿈을 못 찾거나 이루지 못하면 좌절하게 만드는 게, 이게 교육입니까? 교육자원봉사는 그런 역할을 해야 한다고 생각합니다. 국영수 못해도, 꿈이 없어도 잘 살 수 있도록 하는 것, 잘 살 수 있다고 용기를 주는 것 말입니다."

숙연해졌다. 틀린 말이 하나도 없었기 때문이다. 꿈을 강요하는 사회, 국영수 성적으로 꿈의 크기와 높이가 달라지는 사회, 그것이 잘못됐다는 것을 알면서도 어쩌지 못하는 사회다. '존재만으로도 가치 있는 것이 바로 나'라는 것을 알려주는 것이 아니라 '훌륭한 사회인을 양성하는 기관'으로 전락해 버린 학교... 그러니 그분의 말대로 교육자원봉사는 학교가 해주지 못했던 것을 해주는 것이 맞다. 꿈을 찾고 싶다면 찾게 도와주고, 꿈이 없어도 얼마든지 행복하게 잘 살 수 있음을 알려주어야 하는 것이다.

"그리고 마지막으로 말입니다."

계속되는 그의 이야기에 모두 귀를 기울였다.

"저는 무자입니다."

"네? 무자요?"

"자식이 없단 말입니다. 그런데 왜 제 이름 옆에 자꾸 '학부모'라고 써 놓았는지 도무지 이해가 되지 않습니다."

진지한 이야기에 한껏 가라앉았던 좌중은 그의 마지막 한마디에 웃음을 터뜨렸다.

회의시간에 늦은 것이나, 마지못해 들어오는 듯했던 그의 걸음걸이, 방금 자다가 일어나 끌려 나온 것 같은 행색, 회의시간 내내 휴대폰을 만지던 태도가 나는 여전히 못마땅하다. 하지만 분명한 것은 그가 생각하고 있는 사회, 교육, 학교의 문제에는 공감한다는 것이다. 따라서 교육자원봉사만큼은 그것에서 벗어날 필요가 있다는 말에도 동의한다. 그리고 어쩌면, 내 경직된 사고로는 그의 태도를 이해하는 게 힘들었지만, 아이들이 진짜로 필요로 하는 것을 전해줄 수 있는 사람일 수도 있겠다는 생각이 들었다.

교육자원봉사센터에는…

자식이 없어도 교육자원봉사를 하면서 아이들이 명상을 통해 마음의 안정을 찾기를 바라는 사람이 있다. 교육자원봉사를 통해 교육의 작은 변화를 일으키고 싶어 하는 사람도 있다. 봉사를 통해 자신의 성장을 체험하고 싶은 사람도 있다. 이렇게 다양한 모습과 다양한 생각을 가진 사람들을 보면서, 이렇게 살 수도 있고 저렇게 살 수도 있으며 어떻게 살아도 행복할 수 있다는 것을 아이들이 느끼기를 바란다.

그깟 성적 때문에 힘들어하지 말기를…

그런 것으로 증명하지 않아도 충분히 귀한 존재임을 잊지 말기를…

넘어져도 다시 일어나 툴툴 털어버리면 그만이고, 넘어진 김에 쉬어도 그만인 게 인생이라는 것을 우리와 함께 배워나가기를…

간절히 바라는, 나는 교자봉이다.

5. 교육자원봉사를 있게 하는 사람들

– 센터장과 운영지원단

경기도에는 25개 교육지원청이 있다. 각 교육지원청 내 교육자원봉사센터는 센터장과 운영지원단, 교육청의 업무 담당자가 함께 운영에 참여한다. 지난 2021년, 나는 경기도 교육청 교육자원봉사 활성화 컨설팅단에 합류했다. 경기도에 있는 모든 교육자원봉사센터를 방문해 애로사항을 듣고 활성화 방안을 모색하는 시간을 가졌다. 그러면서 다양한 사람들을 많이 만났고 교육자원봉사가 잘 운영되기 위해 각 주체가 어떤 역할을 해야 하는지에 대해 적극 고민하는 계기가 됐다.

센터장

경기도 외곽에 위치한 A도시는 교육자원봉사센터가 거의 운영되지 못하고 있었다. 미리 받아본 자료에 의하면

센터장과 담당자는 있지만 운영지원단도 구성되지 않았고 봉사자도 거의 없었다. 코로나19로 연수도 진행할 수 없었기에 운영에 문제가 많았다고 했다. 한 시간이 넘게 이야기가 오갔다. '봉사자를 모집할 수 있는 연수를 시작할 것과 수료자들을 대상으로 운영지원단을 꾸릴 것'을 제안했다.

이야기가 오가는 내내 센터장님은 '경청'만 하고 계셨다. 소극적이신 건지 아니면 귀담아들으며 마음을 다지시는 건지 눈치를 보고 있던 순간, 센터장님이 마지막으로 한 말씀 하신다며 말문을 열었다. 말씀인즉슨, 'A도시는 학생 수가 급격히 감소하고 있는 추세이다, 상황이 심각하다, 학생이 없는데 무슨 교육자원봉사 활성화냐!'였다. 결국은 '소용없는 일에 시간 쓰고 돈 쓰면서 공들이지 마라!'였다. 돌아오는 발걸음이 경쾌할 리가 없었다. 학생이 줄어들고 있다는 것은 A도시만의 문제가 아니다. 하지만 소수의 학생을 위해서라도 지역사회의 교육자원을 활용할 수 있는 방안을 모색해 보자는 게 컨설팅의 취지였다. 그러니 센터장님도 함께 머리를 맞대고 궁리해 주셨다면 좋지 않았을까 아쉬웠다.

컨설팅단에 함께 계셨던 C도시 센터장님은 우리가 만난 A도시의 센터장님과 확연히 달랐다. 이름만 올려 놓은 센터장이 아니었다. 직접 교육자원봉사 활동을 하고 교육자원봉사를 알리기 위해 발로 뛰는 것을 마다하지 않는 분이었다. 지하철역 앞에서 직접 광고지를 나눠주며 홍보를 하고 학교와 봉사자 간의 매칭 역시 직접 한다고 했다. 처음에는 모든 것을 혼자 하다가 이제는 홍보부터 운영까지 전 과정을 시스템화하는 중이라고 했다. 자신이 아니어도 잘 굴러갈 수 있도록 하기 위함이란다. 그분의 모습을 보며 교육자원봉사센터장이라면 마땅히 나서서 자원봉사도 해야 하고 센터가 돌아가는 내용에 대해서도 적극 고민해야 한다는 것을 확실히 알게 되었다. 퇴직교원이 으레 거쳐 가는 명예직으로만 존재한다면 교육자원봉사센터 활성화는 기대하기 힘들다. 연임 기간 포함 2년 동안 서류에 이름만 올려놓고 가끔씩 회의에 참석해 봉사자들의 경과보고만 듣는 것으로는 부족하다.

2023년, 센터장이 됐다. 2021년까지는 우리 센터도 퇴직교원 출신이 센터장을 역임했는데 2022년부터는 봉사자 중에서 센터장을 뽑기로 했다. 운영지원단으로서 센터 돌아가는 내용을 잘 알고 있는 사람, 실제 교육자원봉사를 하고 있는 사람이 센터 운영에 더 도움이 되지 않겠느냐는 이유였다. 센터장이 된 나는, 내가 운영에 도움이 되고 있는지 늘 고민했다. 봉사자들과의 간담회, 교육자원봉사 현장 모니터링을 통해 면면히 관찰하고 애로사항을 들으러 다녔지만 업무담당자의 뒤를 쫓아다니는 게 할 수 있는 다였다. 게다가 센터장의 역할 중 대외 협력과 홍보에 있어서는 한계를 느꼈다. 교육청에 아는 인맥도 없고 지역사회활동이 왕성한 사람도 아니라서 크게 도움이 되지 못한다는 자책이 들 때도 있었다. 하지만 2024년, 용인교육지원청이 '2024 경기공유학교 특화모델 연구·개발(R&D) 선도교육지원청'으로 선정되면서 센터장으로서 도움이 될 수 있는 일을 찾았다. 경기공유학교는 지역사회와 협력을 기반으로 학생 개인의 특성에 맞는 맞춤교육과 여러 학습 기회를 보장하기 위한 학교 밖 교육활동 및 시스템을 포괄하는 지역교육협력 플랫폼이다. 공유학교의 원활한 진행을 위해 교육자원봉사자들의 지원이 필요했고 이를 위해 교육지원청과의 직접 소통을 센터장인 내가 맡았다. 진정한 교육공동체가 실현되는 길에 교육자원봉사가 한 몫을 할 수 있는 길이 열린 것이다. 센터장의 역할에 정답은 없다. 그저 내가 맡은 봉사를 성실히 하고, 함께하는 이들의 마음을 헤아리며, 세상에 교육자원봉사가 도움이 될 수 있는 방법을 고민하는 일에 최선을 다하면 되지 않을까.

운영지원단

운영지원단은 말 그대로 교육자원봉사센터의 운영 전반을 함께 논의하고 결정하기 위한 조직이다. 업무담당자를 중심으로 교육지원청 해당 부서 팀장, 업무 협약을 맺은 팀 직원뿐 아니라 교육자원봉사자 중 대표 격인 여러 명이 함께한다. 용인의 경우 각 봉사팀의 팀장들이 운영지원단을 구성한다. 연간 교육자원봉사활동 계획을 수립하고 수행, 평가하는 전 과정에 운영지원단이 함께한다. 공식적으로는 격월에 한 번씩 만나지만 '월간 교자봉'이라는 이름의 비공식 모임을 만들 정도로 끈끈한 사이이다.

B도시의 교육자원봉사센터는 2019년부터 운영지원단을 꾸렸다. 2021년 컨설팅 방문 당시, 독서교육과 전래놀이 전문가 양성과정을 통해 교육자원봉사자를 모집하겠다는 계획을 가지고 있었다. 3년째 같은 업무담당자가 일을 맡고 있다는 점, 센터장이 몸소 열심히 봉사를 하는 분이라는 점은 이 지역의 교육자원봉사가 활성화되는 데 도움이 되

는 여건이 분명했다. 운영지원단으로 참석하신 봉사자분들도 열의가 넘쳐 보였다. 여러모로 성장이 기대되는 곳이었다. 다만, 두 가지가 걸렸다.

첫째, 운영지원단 구성원 모두가 한 동아리에 소속된 사람들이었다.

유일한 봉사 동아리에서 운영지원단이 꾸려질 수밖에 없었기 때문에 어쩔 수 없는 결과였던 것은 이해하는 부분이었다. 앞으로 진행하는 양성과정을 통해 신규 봉사 동아리가 생기면 그 동아리 리더들로 운영지원단을 새롭게 구성할 것을 제안드렸다. 교육자원봉사센터의 운영 방향을 계획하고 결정하는 일에 한 동아리 봉사자들의 목소리만 담긴다면 편향적이고 독단적으로 흘러갈 수밖에 없기 때문이다.

각 분야별 봉사단의 요구사항이나 상황은 다를 수밖에 없다. 예를 들어, 전래놀이 봉사와 디베이트 봉사는 교실 세팅부터 참여 봉사자 인원까지 모두 다르다. 학교 측에서 미리 준비해 주어야 하는 것들, 심화교육에서 필요로 하는 내용도 다르다. 따라서 각 분야별 의견이 모아지려면 한 분야의 봉사자로만 운영진이 꾸려지면 안 된다.

둘째, 한 봉사자가 너무 다양한 분야를 넘나들고 있었다. 운영지원단이자 봉사자 대표로 나오신 선생님들은 책놀이, 전래놀이, 학생 상담, 보드게임 등 많은 분야를 섭렵하신 분들이었다. 봉사활동을 통해 쌓은 경력을 갖고 외부에서 강사로도 활동하고 계셨다. 그 모든 능력과 욕심에 대한 자부심이 대단했다.

개인이 다양한 분야에서 활동하는 것은 전혀 비난받을 일이 아니다. 다만, 교육자원봉사센터에서 봉사업무를 하는 데 있어서는 자신만의 전문 분야를 정해놓는 것이 좋다는 생각이다. 개인이 아니라 팀이 움직일 때는 더더욱 그렇다. 책놀이팀, 전래놀이팀, 디베이트팀 등으로 세분화해 각 팀의 봉사자들이 정체성을 갖는 것은 봉사를 지속적으로 하는 데 도움이 된다. 이것도 할 수 있고 저것도 할 수 있다는 것은 개인의 역량을 과시하는 데는 유용할지 모르겠으나 각 팀 내 구성원 간의 유대를 강화하고 다른 팀과의 연대를 다지는 데는 바람직하지 못하다. 이것저것 다 할 수 있는 사람은 이도 저도 아닌 사람이 되거나 이것저것 다 제 손 안에서 주무르고 싶은 사람이 될 확률이 높다. 후자

일 경우, 봉사자들의 반감이 높아질 테고 많은 이탈자를 양산할 수 있다.

다양한 재주를 가진 많은 사람들이 '교육자원봉사'라는 공통의 관심사로 센터에 모인다. 제 발로 찾아온 사람들은 언제든 제 발로 나갈 수 있다. 갑자기 그만둔다고 해서 배신자라며 손가락질 받을 일도 없을뿐더러, 조직을 나가려면 손을 잘라야 하는 일도 없다. 심지어 교육청에서 주관한 무료 양성과정을 이수하고 나가더라도 다시 교육비를 토해내는 일도 없다. 처음부터 끝까지 '순수한 자발성' 하나에 의지하는 까닭이다.

나의 재주가 쓸모없다고 느끼는 순간, 혼자만 외롭게 봉사한다고 느끼는 순간, 누구나 할 수 있는 아무 일이나 한다고 느끼는 순간, 자발성은 사라지기 마련이다. '봉사'에 대한 신념과 함께하는 이들을 향한 애정이 사라지는 순간, 들어왔던 그 문으로 뒤돌아 나가 버리면 그만인 게 봉사다. 따라서 교육자원봉사센터의 운영지원단, 각 분야 팀장들은 봉사자들의 신념이 무너지지 않고 즐겁게 함께 갈 수 있는 환경을 고민해야 한다.

모두가 함께 즐겁게 오래가는 환경이란 각자의 능력이 고유하며 각자가 가진 교육자원봉사에 대한 신념 역시 고귀한 것임을 서로 인정할 때 만들어지지 않을까.

우리의 능력이 모이면 선한 영향력을 갖게 될 것이며 더 나은 사회를 만드는 데 도움이 된다는 것을 공유하고 그 길 위에 함께 서 있는 길벗임에 감사할 때 말이다.

그런 환경을 만드는 데 진심인 센터장과 운영지원단이 있다면 교육자원봉사센터는 문제없이 운영되리라 믿는다.

6. 교자봉의 뒷배가 되어주는 업무담당자

"솔직히 말씀드려서 교육자원봉사 업무는 제가 맡고 있는 업무 중 중요도가 최하위인 업무입니다. 거기까지 신경 쓸 여력이 전혀 없습니다."

어느 지역 교육지원청의 교육자원봉사 업무담당자의 말이었다.

그분의 말은 교육자원봉사 활동이 전무한 해당지역의 실적에 대한 변명이었을까, 진심이었을까, 둘 다였을까... 아니 어쩌면 25개 지원청 모든 업무담당자가 가지고 있는 인식일지도 모른다. 마을교육공동체 사업의 일환으로 늘어났던 쓸데없는 일감에 불과할지도 모르겠다. 학교만으로도 교육은 잘 돌아가고 있는데 교육자원봉사가 대체 왜 필요한 것인지에 대해 의문을 품고 있을 수도 있다. 교육자원봉사자의 존재 자체가 그들에게는 스트레스일 수 있겠다는 생각에 내내 착잡한 마음을 거둘 수가 없었다. '존재 자체를 거부당한 봉사자의 허탈감'이라는 게 정확한 표현이다.

교육자원봉사센터가 제 기능을 다하는 데는 봉사자들의 의지와 열정만으로는 절대 불가능하다. 예산을 계획하고 집행하는 업무담당자 스스로 교육자원봉사에 대한 확신이 있어야 하며 활발한 교육자원봉사를 위해 끊임없이 고민해야 한다. 따라서 하는 일이 많을 수밖에 없다.

일단, 학교와 봉사자 사이에서 원활한 소통을 해주는 중간자 역할을 제대로 해야 한다. 봉사수요처인 학교에 교육기부 프로그램 계획서를 공문으로 발송, 안내한다. 학교에서 관심 있는 분야의 프로그램을 신청하면 해당 분야 봉사자에게 전달한다. 프로그램을 모르는 학교와 학교에 프로그램을 알릴 공식적인 경로가 없는 봉사자 사이에서 중매쟁이 역할을 하는 것이다.

봉사자를 모집, 양성, 관리하는 모든 업무도 그들의 몫이다. 교육자원봉사센터에 봉사자가 없으면 그야말로 유명무실한 기관이 되어버리기 때문이다. 봉사자가 거의 없는 지역의 경우 대체로 양성 프로그램을 통해 교육자원봉사단을 꾸리고자 하지만 쉽지 않다. 과정은 성실히 수료했지만 여러 개인적인 사정 때문에 봉사는 하지 못하겠다는 경우가 다반사일 뿐만 아니라 봉사단이 꾸려지더라도 초면인 사람들에게 연대의식을 심어주기란 어려운 일이기 때문이다. 무에서 유를 창조해야 하는 일이다 보니 성과도 저조하고 성취감도 낮은 업무일 수밖에 없다.

업무 자체의 어려움 외에 또 다른 문제는 업무담당자의 잦은 교체다. 공무원이다 보니 짧게는 반년에서 길게는 2년간 업무를 보다가 다른 부서나 지역으로 발령이 나버리기 일쑤다. 조금 알 만하고 뭘 좀 해보려고 하면 인사이동으로 단절이 된다. 그러니 아예 의지를 갖지 않는 사람도 많아 보였다. 어떤 지역의 업무담당자는 아무것도 몰라서 아무 일도 하지 못했다고 했다. 대충 시간만 때우다 다른 곳으로 발령 나면 그만이라고 생각했을지도 모르겠다. 예산이 많거나 실적이 중요한 업무가 아니다 보니 다른 업무에 치여 잊히고 버려지는 업무. 교육자원봉사 업무가 저 끝으로 밀린다는 이야기는 그 적은 예산마저 다른 분야에 빼앗길 수 있다는 말이다. 봉사자도 없다시피 한데 업무담당자의 의지와 관심도 없고 예산마저 없는 유령조직으로 전락하는 것은 시간문제다. 수당이나 대가 없이 마음만으로 움직이는 것이 봉사이기에 업무담당자의 역할은 다른 업무보다 중요하다. 봉사자들에 대한 세심한 관찰과 배려가 있어야 하고 교육자원봉사에 대한 이해가 선행되어야 구체적으로 뭘 해야 하는지도 보이기 때문이다. 담당자 본인에게는 월급을 받기 위한 업무의 하나일 뿐이지만 교육자원봉사자들과 교육현장에는 큰 의미가 있다는 것을 잘 이해하지 못하는 경우가 많다. 본인은 봉사자가 아니니까.

다행히 내가 사는 용인에는 교육자원봉사에 대한 의지와 열정, 심지어 애정까지 가지고 있는 담당자가 있었다. 학부모지원 업무를 담당하는 분이라 학부모회장이었던 나와 인연의 끈이 닿았다. 몇 번의 만남 끝에 그분에게서 교육자원봉사에 대한 안내를 받은 나는 호기심에 정기 회의에 참석하게 됐으며 자원봉사를 시작하게 된 것이다. 그분은 혼자서 고군분투 봉사하는 나에게 양성과정을 맡겨 디베이트팀을 만들 수 있도록 해주었다. 팀원들과의 스터디 및 봉사 과정에서 필요한 물품과 공간을 마련해 주었으며 무엇이든 빠짐없이 챙겨주었다. 용인교육자원봉사센터에 있는 모든 봉사자들을 향한 지원도 아끼지 않았다. 연 2회

봉사자 전체 워크숍을 진행해 친목과 화합을 도모하는 일, 각 팀별 봉사자 양성과정 및 심화 과정을 개설하고 준비하는 일, 봉사자와 수요처를 매칭하는 일, 센터장과 운영지원단을 구성하고 운영하는 일, 개별 봉사자의 민원 및 요구사항을 들어주는 일... 그 외에 내가 알지도 못하는 각종 업무들은 또 얼마나 많을 것인가. 용인교육자원봉사센터의 든든한 뒷배가 아닐 수 없었다.

늘 그분에게 교육자원봉사센터의 공을 돌리는 나와는 반대로 그분은 공을 봉사자들에게로 돌린다. 봉사자와 운영지원단이 없었다면 용인교육자원봉사센터의 활성화는 불가능했을 것이라고 말한다. 닭이 먼저냐 달걀이 먼저냐의 이야기라고 할 수도 있겠으나, 단언컨대 이 경우 업무담당자가 먼저다. 성실하고 신념에 가득 찬 봉사자 한 명이 문을 두드린다고 교육자원봉사센터가 구축, 활성화되는 건 아니기 때문이다.

모든 교육지원청의 업무담당자가 이 역할과 업무를 소화할 수 있을까.

늘 업무에 치여 사는 그들에게 교육자원봉사에 대한 애정과 열정, 의지를 가지라고 할 수 있을까.

어느 한 담당자만의 열정과 의지로 진행될 수 있는 업무라면 그의 부재가 조직의 붕괴로 이어지는 건 아닐까.

누가 담당하더라도 오래가는 조직이 되기 위한 체계 구축이라는 게 필요한 것 아닐까.

업무담당자는 나에게 이렇게 많은 고민을 던지는 중요한 존재다.

그런데 조금씩 이상기류가 감지됐다. 원인은 예산 증액. 써야 하는 돈의 사이즈가 커지면 담당자의 부담도 커진다는 사실을 알았다. 업무의 내용에 맞게 예산을 집행했다는 증빙을 해야 하는 책임이 커진 것이다. 그래서 부랴부랴 공부를 하기 시작한 것일까. 우리 지역 담당자에게 활성화 방안을 문의하고 직접 찾아오는 이들이 생겼다. 경기도 교육청에서는 내게 25개 지원청 교육자원봉사 업무담당자를 대상으로 연수를 해달라 했고 2022년부터 해오고 있다. 강의를 하는 동안 내내 고개를 끄덕이는 담당자들을 보았다. 많은 분들이 반짝이는 눈으로 내 이야기에 귀 기울였다. 관심이 생겼고 잘하고 싶다는 마음이 자라난 것이다. 다른 지역의 활성화 방안을 궁금해하고 각자의 지역에 맞는 방법을 궁리하기 시작한 것이 교육자원봉사자로서 감사했다.

물론, 이분들도 언젠가 다른 부서와 지역으로 발령이 날 것이다. 교육자원봉사 업무에 익숙해질 즈음, 애정이 생길 즈음 말이다. 예전에는 그게 큰 문제라고 생각했다. 하지만 이제는 달리 보인다. 새로운 담당자가 오면 다시 처음부터 교육자원봉사가 무엇인지, 교육자원봉사센터는 어떤 일을 하는 곳인지, 무엇을 도와주어야 하는지 알려주어야 할 테지만, 그렇게 또 한 명의 공무원이 교육자원봉사 업무를 알게 된다는 것은 고무적이다. 한 명, 두 명, 세 명, 네 명... 느리지만 천천히, 오래, 계속 그 수가 늘어간다는 사실이 중요한 것 아닐까.

7. 봉사자의 든든한 협력자, 담임선생님

교육자원봉사자는 학생들만 만나는 것이 아니다. 초등학교의 경우 각 반의 담임선생님과도 협업을 이루어야 한다. 정규 교과시간에 수업하는 경우가 대부분이라 담임선생님이 교실 내에 함께 계셔야 하는데, 대부분 책상에 앉아 업무를 보시는 경우가 많다. 업무를 보시는 중간 중간 아이들의 표정과 태도를 확인하면서 눈짓으로 경고를 주기도 하고 사진을 찍기도 한다. 장난이 심한 아이가 있으면 조용히 밖으로 불러내 대화를 하고 들여보내기도 하고 적극적인 선생님은 돌아다니며 아이들의 글쓰기를 함께 봐주기도 한다. 참 감사한 일이다.

기본적으로 담임선생님들을 존경하지만, 선생님도 사람인지라 다양한 모습을 보여주곤 한다.

내가 교실에 들어감과 동시에 교실을 빠져나가는 분, 수업시간 내내 소독제와 티슈를 들고 여기저기 청소하는 분, 수업 중간 중간 끼어들어 아이들을 대신해 질문 공세를 하는 분, 뒤에 앉아 꾸벅꾸벅 조는 분...

지인인 학교 선생님은 말했다. 학교에 외부강사가 들어오는 게 너무 싫다고. 지금까지 아이들과 맞춰온 교실의 규칙, 분위기라는 것이 있는데 외부강사가 한번 들어오면 그 모든 게 흐트러져서 다시 처음부터 시작해야 한다고 말이다. 그 이야기를 들으니 교육자원봉사라는 이름으로 활동하는 일이 어쩌면 민폐일 수도 있겠다는 생각이 들기도 했다. 학교 선생님들에게는 교육자원봉사자가 불청객에 불과할 수도 있겠구나 하고. 그래서였을까, 학교 측의 처우에 불만을 토로하는 봉사자들이 꽤 있다.

"학교에서 우릴 무슨 잡상인 취급하는 거요. 그게 제일 섭섭하죠. 좋은 마음으로 갔는데 본체만체하면 내가 이 일을 왜 하나 싶어요."

시간과 재능을 기부하러 갔는데 투명인간 취급을 하거나 의심의 눈초리로 쳐다볼 때가 많다는 것이다. 마땅히 대기할 장소도 없어서 복도에 한참을 서 있었다는 이야기, 수업에 참견하는 선생님 때문에 힘들었다는 이야기 등 사연도 다양했다.

"특수학급 아이들 체험학습 현장 지원을 나갔었는데요, 선생님들은 생수를 나눠 마시면서 봉사자들한테는 물 한 모금 권하지를 않더라고요. 같이 땀 뻘뻘 흘리는 처지에 어찌나 야속하던지요."

"교육기부 봉사를 하고 있는데, 수업시간 내내 선생님께서 반 아이들의 태도에 얼마나 지적을 하시던지… 분위기가 계속 경직되어서 제대로 수업을 할 수 없었어요. 어쨌든 제 수업시간인데 그건 너무 무례했던 것 같아요."

"제가 갔던 학급에 도움반 아이가 있었어요. 사전에 미리 언질을 주셨더라면 대비를 하든가 마음의 준비라도 했을 텐데 담임선생님께서 그러지 않으신 게 섭섭했어요."

나 역시 학교 수업을 하면서 다양한 선생님을 만나봤다.

수업 자료를 챙겨 오지 않은 아이들 벌을 세우느라 강사가 준비를 하건 말건 교실 앞에 아이들을 세우고 10분 동안

훈계를 하던 선생님.

교실 뒤편에 서 계시다가 아이들의 대답이 영 시원찮으면 "OO아 대답해 봐~ 너 평소에 잘하잖아~"라며 아이들에게 수업 참여를 종용하는 선생님.

앞에서 수업을 진행하는 나를 뻔히 두고 교실 이곳저곳을 돌아다니며 아이들의 자세를 고쳐주거나 제대로 하는지를 수시로 체크하는 선생님.

처음엔 불편했다. 나를 무시하는 것 같기도 했고 때로는 화가 나기도 했다. 그런데 어느 순간 그분들의 마음이 엿보였다. '우리 반 아이들, 내 새끼들이 외부강사에게 흠 잡히지 않았으면 좋겠다'는 마음. 내가 담임으로 있는 이 반이, 수업 태도가 좋은 반으로 보였으면 좋겠고, 디베이트 수업에서 두각을 나타냈으면 좋겠다는 마음. 방식이 다소 강압적이고 어긋난 것일 수는 있겠으나 외부인에게 '잘 보이고 싶다'는 마음만큼은 아이들의 그것과 같다고 느꼈다. 그렇게 관점을 바꾸니 선생님들의 행동을 받아들일 수 있었다. 이후로는 그런 선생님을 만났을 때, '그러려니' 내지는 '그럴 수 있다'로 넘기게 됐다.

아이들에 대한 애정과 봉사자에 대한 예우를 직접 표현하는 선생님들도 많았다.

교실 뒤편에 앉아 아이들의 디베이트 실습 모습을 숨죽이며 흐뭇하게 바라보시는 선생님. 행여 방해될까 오갈 때도 몸을 숙이고 조용히 다니셨다.

교실 이곳저곳을 다니며 아이들이 집중해서 글을 쓰는 모습을 카메라에 담으시던 선생님. 나와 눈이 마주쳤을 때, "죄송해요~~ 애들이 이렇게 열심히 글을 쓰는 건 처음이라서요~"라며 감동, 흡족, 미안함이 한데 버무려졌던 그분의 얼굴이 잊히지 않는다.

미리 출력해 분철해 주십사 부탁했던 학생 활동지를 책처럼 깔끔하게 제본해 놓으셨던 선생님.

봉사 첫날 교장선생님, 교감선생님께 직접 인사를 시켜드리며 연신 잘 부탁드린다고 하셨던 선생님.

그분들의 따뜻한 말 한마디와 존중, 배려를 잊지 못한다. 학교와 담임선생님 입장에서 보면, 봉사자의 재능 기부라는 것은 큰 모험일 수 있음을 알기 때문이다. 어디서 무엇을 하던 사람인지, 전문성을 갖추기는 한 건지, 아이들에게 안 좋은 영향을 끼치는 것은 아닌지 촉각을 곤두세울 수밖에 없다. 미리 촘촘하게 계획된 학사일정에서 귀한 시간을 뺀 것이니 양질의 교육이 이루어지기를 바라는 마음도 클 테고 말이다. 그러니 일단은 경계의 시선으로 봉사자를 대할 수밖에 없을 것이다. 수업시간 내내 아이들과 강사를 예의 주시할 수밖에 없으리라…

학교에서 수업을 할 때, 가르쳐야 하는 내용만 쏙 가르치는 게 아니라 동시에 아이들의 반응과 분위기를 살펴야 한다. 싸우는 애들은 없는지, 소외된 아이는 없는지, 어떤 아이가 발표할 때 다른 아이들의 표정이 왜 저렇게 떨떠름한지를 살피는 것은 수업을 진행하는 데 꽤 중요한 요소이다. 30명 가까운 아이들을 대상으로 수업을 하고 나면 기운이 쭉 빠진다. 일회성으로 왔다가는 나도 진이 빠질 때가 많은데 학교 선생님들은 얼마나 힘드실까 헤아려 본다. 처음 발령받았을 때 가졌던 야심 찬 포부, 열정, 부단한 시도, 애잔한 마음들을 계속 끌고 가기에는 물리적인 제약들이 너무 많았을 테다. 밀려드는 공문과 잡다한 업무, 다양한 아이들과 학부모들을 상대하는 데서 오는 피로감, 대학에서 배운 것과 현장에서 실제 경험하는 것의 괴리. 그 가운데서 눈물을 머금고 하나씩 쳐내게 되는 교사로서의 이상향.

교육자원봉사는 외부인이 학교 현장의 문제점과 교사들의 현실을 알게 되는 현장체험학습일지 모르겠다. 먼발치서는 도저히 알 수 없던 것들을 가까이에서 목도함으로써 현실을 제대로 직시할 수 있게 된다. 동시에 교육자원봉사자는 학교 선생님들이 현장에서 이러저러한 한계로 포기했던 것들을 구현해 내는 대리인일 수도 있다. 봉사자와 선생님은 마을의 아이들을 함께 길러내는 든든한 협력자로서의 원팀이 될 수 있는 것이다.

봉사에는 책임이 따른다. 여기서 말하는 책임이란, 상대가 원하는 것, 필요로 하는 것을 제공할 책임이다. 봉사했다는 만족감에 도취되어 상대를 불편하게 하는 봉사를 하고 있는 것은 아닌지 돌아볼 일이다. 아이들을 만나러 간다고 하지만 담임선생님을 배제할 수는 없는 노릇, 학교 측의 무심한 대우에 섭섭해하지만 말고 봉사 전에 사전 준비사항 등의 요구를 정확하게 전달할 것을 제안한다. 수업 준비에 필요한 것이라든지 봉사자들 대기 장소 사용 여부 등을 확실히 확인하는 것이다. 모든 갈등과 오해는 소통의 부재, 부족에서 온다. 아이들에게 다양한 교육 경험 기회를 제공

한다는 사명하에 뭉친 원팀인 학교 선생님과 교육자원봉사자는 끊임없이 소통하고 협업해야 한다.

> 안녕하세요.
> 용인교육자원봉사에서 디베이트 교육자원봉사를 하고 있는 송유정입니다.
> 교육자원봉사를 신청해 주셔서 감사합니다. 저를 비롯한 디베이트 마을 선생님들은 2024학년도 교육자원봉사를 위해 오랜 시간 스터디와 연수를 진행하였습니다. 학생들에게 의미 있는 교육 경험을 제공할 수 있도록 최선을 다하겠습니다.
>
> 학교에서도 양질의 교육을 위해 몇 가지만 준비해 주십사 부탁드립니다.
> 1. 보내드린 활동지는 학생들이 3주 동안 사용할 교재입니다. 학생 수에 맞춰 인쇄 후 묶음 처리해 주세요~
> 2. 수업 때 PPT를 활용할 계획입니다. 각 반 교실 선생님의 컴퓨터를 사용해야 하는 점, 양해 부탁드립니다.
> 3. OO초에는 저를 포함해 총 4명의 봉사자가 가게 됩니다. 수업 시작 전, 후 수업 준비와 마무리를 위해 잠시 머무를 수 있는 공간이 있을까요?
>
> 디베이트 프로그램 신청과 적극적인 협조에 다시 한번 감사드립니다.
> O월 O일 첫 수업 때 뵙겠습니다.

이렇게 보낸 나의 메일에 담당 선생님은 성실히, 친절하게 답을 해주신다. 우리 나름의 계약서를 쓴 셈이다. 전화와 문자로도 소통을 하지만 이러한 방식으로 의사를 전달하니 훨씬 '공적'이고 '전문적'이며 서로에게 명쾌했다. 봉사자를 맞이하는 선생님도 더 격식을 갖추어 주셨으며 봉사자 입장에서도 대우받으니 기분 좋았다.

다정함과 환대가 가득했던 날

우리가 준비한 프로그램 일정보다 줄여서 수업을 진행해 줄 수 있냐고 문의한 학교가 있었다. 집에서 멀기도 했고 끝나고 나면 다른 학교로 빠르게 이동해 5, 6교시 수업을 해야 하는 상황이라 망설였다. 하지만 얼굴도 뵌 적 없는 선생님의 다정한 문자에 나도 모르게 마음이 끌려 봉사를 가게 되었다.

바른 자세, 반짝반짝 빛을 내며 나만 바라보는 눈동자, 질문에 서슴없이 손을 들고 또박또박 답을 하는 야무진 입, 일사불란하게 입안문을 쓰는 손, 예의 바르고 정숙한 분위기. 활동지 가득 정성 들여 쓴 입안문과 곳곳에 붙은 근거 자료 메모지, 팀별 숙의시간마다 한데 모여 머리를 맞대고 고민하는 진지함. 모든 준비를 완벽하게 마친 아이들의 수업은 빈틈없이 알차게 채워질 수밖에 없었다. 늘 시간에 쫓기듯 형식만 알려주기에 급급했던 나였는데, 중간 중간 아이들의 주장과 근거, 반박, 교차질의에 대해 꼼꼼히 지도할 수 있는 여유가 생겼다.

보통 아이들이 이런 모습을 보이는 경우 담임선생님이 엄하기 마련인데, 이 반은 예외였다. 시종일관 따뜻하고 다정한 말투와 눈빛, 차분하지만 부지런한 걸음걸이를 가진 분이었다. 게다가 수업시간 내내 뒷자리에 앉아 내가 하는 말, 아이들이 하는 말 한마디 한마디를 모두 적고 계셨다. 중간 중간 고개를 끄덕이고 아이들의 말에 감동하는 선생님의 모습도 내 눈에 모두 담겼다. 하지만 가장 감동스러웠던 것은 봉사가 모두 끝난 후였다. 대부분의 학교에서 수업을 마치고 나면 나는 다음 수업 준비로 분주한 담임선생님에게 누가 될까 싶어 황급히 짐을 싸서 나온다. “여러분에게 뜻깊은 시간이었기를 바랍니다. 앞으로 기회가 된다면 또 만나요~” 같은 마무리 인사말을 속사포처럼 던진다. 이번에도 급히 인사를 하고 나오려는 찰나, 선생님이 나를 불러 세웠다. 그리고 아이들을 향해 말했다.

"애들아~ 잠시만 집중하자~ 우리한테 이렇게 최고의 명강의를 해주신 디베이트 선생님께 마무리 인사를 드리자. 너희들은 어디에서도 들을 수 없는 귀한 수업을 들은 거야. 그것도 교육자원봉사로. 그러니 선생님께 제대로 마지막 인사를 드려야겠지?"

선생님의 말씀을 들은 아이들은 큰 소리로 "감사합니다"를 외쳤다. 그것만으로도 충분했는데 선생님은 또 마음을 나눠주셨다.

"강사님~ 꼼꼼하게 지도해 주셔서 너무 감사드려요~ 덕분에 저도 많이 공부했네요. 정말 많은 도움이 되었어요. 2학기에 '선한 사마리아인 법'을 주제로 토론 수업이 있는데, 그때는 제가 잘 진행해 볼 수 있을 것 같아요. 연구실에 시원한 음료를 준비해 두었으니 그것 꼭 드시고 가셔요~"

교육자원봉사뿐 아니라 2017년부터 디베이트 강사로 해왔던 모든 학교 수업을 통틀어 최고의 수업, 최고의 순간이었다. 금전적 보상을 비롯한 어떤 혜택보다도, 나의 수고를 알아주고 디베이트와 교육자원봉사의 가치를 알아주는 이의 한마디가 큰 위로와 격려로 다가온 것이다. 내 안을 가득 채워준 그 다정함과 환대 덕에 교육자원봉사를 하며 쌓였던 모든 고단함과 섭섭함이 녹아내렸고 아마도 몇 년간은 이 약효가, 이 그득한 마음이 지속되지 않을까 한다. 죽을 듯한 무더위가 계속되다가도 가끔씩은, 여름도 쉬어가는 오늘 같은 다정한 날이 우리의 삶에는 있다. 그러니 오늘도, 내일도 열심히 살아볼 만하다.

8. 교자봉의 중심에서 반짝반짝 빛나는 아이들

교육자원봉사자들이 봉사에 진심인 이유는 무엇일까? 그들의 한결같은 답은 '아이들'이었다. 아이들에게 다양한 교육을 경험시켜 주었을 때의 뿌듯함, 아이들의 반응으로 맛보는 희열.

시작은 본인의 아이들이었단다. 내 아이에게 책을 읽어주다가 "엄마, 다른 친구들에게도 책을 읽어주는 거 어때?"라는 아이의 권유로 봉사를 시작했다는 분부터, 아이에게 해주면 좋을 것 같아서 배워본 것이 봉사로 이어졌다는 분도 있다. 내 아이에게서 시작한 봉사가 마을의 '아이들'로 이어진 것이다. 무한한 가능성을 가진 아이들에게 내가 가진 재능을 나누고 싶다는 일념 하나가 그들을 이끈 것이다. 더불어 아이들에게서 다시 배워오는 많은 것들이 봉사를 지속가능하게 했다. 봉사를 하면 할수록 자신이 특별한 사람이 되어가는 경험을 하노라 말한 봉사자도 있었다. 내적 동기와 외적 동기의 기막힌 콜라보를 경험했기에 봉사를 놓을 수 없는 것이다.

나 역시 마찬가지다.

어찌 보면 나와 상관없는 아이들을 대상으로 봉사를 하면서 무슨 보람일까 싶겠지만, 내 한마디 한마디를 놓치지 않으려고 집중하는 아이들을 보거나 디베이트라는 것을 배워서 너무 좋았다거나, 앞에 나와서 발표하는 게 너무 떨렸는데 그래도 꾹 참고 했더니 해볼 만했다는 아이들의 소감을 들을 때면 힘들었던 모든 순간이 물거품처럼 사라졌다. 어떤 아이의 인생에서는 평생에 한 번뿐일 경험일지도 모른다는 생각에 가능하면 많은 아이들이 디베이트를 경험케 하고픈 마음이 들기도 했다. 어쩌면 나와 같이 근원을 알 수 없는 오지랖을 가진 사람들만이 자원봉사를 할 수 있는 게 아닐까 한다. 누가 등 떠밀지 않았는데도 우리나라 아이들의 교육을 고민하다니…

한 아이는 도움반 학생이었다.

전담 선생님이 필요한 정도는 아니었지만 친구들이 체육을 하러 가거나 영어수업을 하러 이동했을 때, 아이는 교실에 담임선생님과 단둘이 남아있었다. 그 시간 동안 해야 할 일이 정해진 것도 아니었던지 아이는 자리에 앉아 가위로 종이를 자르거나 교실 뒤 거울 앞에 서서 얼굴을 들여다보기만 했다. 디베이트 수업이 시작됐을 때도 마찬가지였다.

'난 당신이 무슨 소리를 하는지 도통 모르겠소...'라는 듯 멍한 표정으로 날 바라보다가 화장실에 다녀오겠다며 나가서 한참 만에 돌아오기도 했다. 같은 모둠 친구들이 모여서 주장을 정리하는 시간을 가질 때 조장 옆에 서 있는 듯싶더니 갑자기 자기 자리로 돌아가 엎드려 운 적도 있다. 소외된 것이 서러워 우는 걸까 걱정되었다. 가까이 가서 물어보니 주장을 정리한 종이에 하트 스티커를 붙이고 싶다고 했다. 밑도 끝도 없는 엉뚱한 제안을 모둠 아이들은 친절하게 받아주었다. 조장이었던 남자아이는 "응~~ 그래그래, 붙여 붙여. 어디다 붙이고 싶어? 여기?"라며 다정하게 기다려 주었다.

네 번의 수업 중 두 번의 수업이 지나갈 때까지도 이 아이는 수업에 참여하지 않았다. 함께 있었지만 함께하고 있지는 않았다. 그랬던 아이가 세 번째 수업에서 열심히 대답을 하기 시작했다. 기본소득제를 설명하기 위해 아이들이 대답을 할 때마다 '마이쮸'를 소득의 형태로 주는 게임 중이었는데, 오로지 마이쮸 하나만을 위해 손을 번쩍번쩍 들고 있었다. 그런데 아무렇게나 대답하지는 않았다. 질문의 내용을 정확히 이해하고 제대로 대답하고 있는 게 아닌가. 어쩌면 그 아이에게 필요했던 '도움'은 잠자고 있던 자신을 깨워 일으켜 줄 마이쮸 하나만큼의 도움이었을지도 모르겠다.

또 다른 아이는 다문화가정의 아이였다.

마스크를 쓴 탓에 알아채지 못했는데, 입안문을 쓰는 시간에 손을 들어 더듬더듬 질문을 했다.

"저... 쓰는 거 잘 못해요. 뭐라고 쓰는지 몰라요. 그런데 말해주면 쓸 수 있어요."

제한된 시간에 전해야 할 것이 너무 많아 정신없이 흘러가는 두 시간이지만 아이의 부탁을 거절할 수는 없었다. 그렇다고 1대 1로 밀착해 가르쳐줄 수도 없었다. 교실 수업의 한계였다. 하지만 무엇을 써야 하는지, 어디를 보고 쓰면 되는지를 알려주니 열심히 적어 내려갔다. 아이는 디베이트 실습 때도 적극적이었다. 같은 팀 아이들이 알려주고 적어준 대로 떠듬떠듬 읽어 내려가는 모습이 감동적이었다. 어렸을 때부터 익히 아는 한국말이기 때문에 오히려 집중하지 않는 몇몇의 한국 학생들과는 달리, 이 아이는 나의 말 한마디 표정 하나까지 다 흡수해 버리겠다는 눈빛으로 나를 쫓아다녔다. 어려운 단어를 최대한 쉽게 설명해 가면서 수업할 수밖에 없던 이유다.

한 아이는, '말을 하지 않는' 아이였다.

그렇게 소문이 나 있었다. 학급의 모든 학생에게 한 가지씩 역할을 주어 한마디라도 하게 만드는 게 내 디베이트 수업이다. 그런데 30명의 학생 중 그 아이만 아무 역할도 맡지 않았다는 것을 알아챘다. 나는 조장에게 가서 물었다.

"저 친구는 왜 아무것도 맡지 않았어요?"

"아... 저 친구는 원래 아무 말도 하지 않아요, 선생님. 그래서 저희가 양해를 구해서 저 친구의 역할까지 제가 맡기로 한 거예요."

어떤 이유에서인지는 모른다. 다만, 이런 아이들의 등장에 내 머릿속은 분주해진다. 눈으로는 디베이트 하는 아이들을 바라보고, 손으로는 그들의 발언을 빠르게 받아 적어가며, 입으로는 끊임없이 피드백을 주면서, 머릿속으로는 무수한 질문을 나 자신에게 던진다.

'어떻게 하지? 그냥 놔둬야 하나? 뭐라도 한마디 시키는 나의 행동이 아이에게는 폭력이 될까? 저 아이도 무언가 한마디는 하고 싶지 않을까? 아닌가? 나만의 착각인가? 이 수업에서 내가 지향하는 바는 모두가 수업의 주인공이 되게 하는 것인데 이런 경우에는 어떻게 해야 하지?'

디베이트 실습이 끝나고 약간의 시간이 남아 나는 아이에게 물었다.

"혹시, 오늘 친구들이 보여준 디베이트에 대해 저 대신 감상평을 얘기해 줄 수 있어요? 친구들에게 하고 싶은 말이나, 오늘 이 수업이 어땠다든지... 아무거나 좋아요."

"..........."

커다란 눈을 끔뻑이며 나를 쳐다보는 아이의 마음을 읽을 수가 없었다. 나는 조금 더 가까이 다가가 작은 소리로 물었다.

"혹시, 일어나서 말하는 게 부담스러우면 종이에 적어줄래요? 내가 대신 말해줄까요?"

아이는 희미하게 고개를 끄덕이더니 샤프를 꼭 쥔 손을 종이 위에 올렸다. 거기까지는 성공했는데 첫 글자를 쓰기까지가 한참 걸렸다. 실제로는 몇 초였겠지만 체감으로는 수십 분이 흐르는 것처럼 더디 갔다. 샤프를 꼭 쥐었던 손을 풀었다가 다시 꼭 쥐기를 몇 번 하던 아이는 큰 용기를 낸 듯 글씨를 썼다.

친구들이 준비를 너무 잘한 것 같아요.

난 아이의 스피커가 되어 이 말을 전했고 반 친구들의 입에서는 작은 탄성이 터져 나왔다. 여태 아무 말 않고 있던 아이의 진짜 목소리를 통해서는 아니었지만 분명 아이의 말이었기 때문이었으리라.

아직도 확신은 없다. 내가 아이에게 의미 있는 경험을 준 것인지, 자만심에 찌든 폭력을 가한 것인지 말이다. 다만 소망할 뿐이다. 아이가 자신의 마음속에도 표현하고 싶은 욕구가 있다는 것을 알아채기를 말이다.

도움반 친구의 적극적인 대답, 다문화 학생의 똘똘한 눈빛, 말 안 하는 학생의 한마디, 그들을 돕는 반 아이들의 다정함… 아이들 모두가 자신이 반짝반짝 빛나는 별임을 드러내던 순간이었다.

"정말 보석 같은 존재야~"

얼마 전 만난 친구는, 회사에 들어온 야무진 신입을 이렇게 표현했다. 야무지고 센스가 있어 너무 예쁘다고 했다. '보석 같은 존재'라는 말이 참 좋았다. 누군가에게 보석처럼 비치는 사람이란 어떤 사람인지, 난 그런 적이 있는지를 고민해 보기도 했다.

아이들은, 어느 누구 할 것 없이 모두가 보석 같은 존재다. 어른들의 세계에서는 착하면서 야무지고 센스 있는 사람이 보석 같은 존재로 인정받는 것과는 다르다. 공부를 잘하고 못하고는 상관없이 아이들은 모두 제 안에 보석 하나씩을 품고 있다. 아이의 내면에 반짝반짝 빛나는 보석이 있다는 사실을 일깨워 주는 것이 어른의 몫 아닐까.

오늘도 빛나는 보석들을 만나러 가는… 나는 교자봉이다.

9. 든든한 후원자, 봉사자의 가족

경기도 전역을 다니며 컨설팅을 다니던 시절, 많은 봉사자들을 만났다. 처음 만나는 관계였지만 교육자원봉사를 하는 사람이라는 것으로 금세 서로의 어려움에 공감했다. 반년 동안 매일 만나 손인형극을 준비했다는 봉사자들은 컨설팅 말미에 눈물을 흘렸다. 봉사를 하면서 힘들었던 점, 소회를 한마디씩 부탁드린다는 주무관의 주문에 답하다가 생긴 일이었다.

"아이 책을 읽어주다가 봉사를 시작하게 됐지만 정작 제 아이는 챙기지 못할 때가 있었어요. 봉사 때문에 유치원 하원 시간을 맞추지 못해 정작 내 아이는 종일반에 맡겨두고 봉사를 해야 하는 거죠... 그런데도 나는 왜 계속 봉사를 할까 많이 고민했었어요..."

다른 아이들 챙기느라 내 새끼는 뒷전이 돼버린 경험은 봉사자라면 누구에게나 있을 것이다. 특히나 지난 몇 년처럼 온라인 클래스를 하는 경우엔 더욱 그랬다. 내 아이는 제 방 책상에 앉아 온라인 클래스를 듣는데 나는 짐 챙겨 학교로 나갔다. 봉사가 끝나고 부랴부랴 집으로 달려오지만 이미 아이의 급식 시간은 끝난 뒤였다. 혼자 밥을 푸고 냉장고에서 반찬을 꺼내 쓸쓸한 점심을 먹었을 봉사자의 아이... 미안한 마음에 가슴이 시렸다. 대체 무엇을 위해 이러고 다니는가... 하지만 이내 당당해져야 했다. 아이가 시시때때로 제기했던 교육현장의 문제점들을 엄마인 내가 당장 해결해 주지는 못하지만 '지금 내가 할 수 있는 일을 함으로써 교육의 변화를 모색한다'는 메시지가 아이에게도 전해졌으리라 믿기 때문이었다. 그렇기 때문에 봉사를 마치고 온 엄마 앞에 앉아 "오늘은 무슨 주제로 디베이트 했어?", "어디에 있는 학교였어?", "몇 학년이었어?"라며 질문을 던지는 아이가 고맙고 대견했다.

"처음에 봉사를 할 때 남편이 제게 물었어요. 요새 대체 뭘 하고 다니는 거냐고. 뭘 하기에 그렇게 피곤해하냐고요. 절 굉장히 한심하게 봤죠. 그런데 이해시키기가 힘들더라고요. 그러다가 좀 지나니까 아무 말 없이 지켜봐 주대요? 아내가 무언가에 열중한 모습이 신기했나 봐요. 시간이 더 흐르니 몸 챙겨 가며 봉사하라고 걱정해 주더라고요…"

무보수에 시간과 에너지를 소비해 가며 봉사하는 아내를 바라보는 남편의 심정이란 어떤 것일까? 위에 말한 봉사자의 말처럼 처음에는 어이가 없었을 것이다. 돈도 안 되는 일에 열과 성을 쏟으며 종종거리고 다닌다고 말이다. '그럴 시간 있으면 우리 애들 뭐 하나라도 챙겨 먹여'라는 말이 목구멍까지 나왔다 들어갔을지도 모르겠다. 남편들은 그런 적 없다고 펄펄 뛰겠지만 얼마간은 삐딱하게 봤을지 모른다. 한심하게 쳐다보는 눈빛, 말은 안 하지만 조금은 서늘한 공기… 그러다가 시간이 흘러도 도무지 그만둘 것 같지 않은 아내의 봉사 행보를 보면서 체념을 하게 될 테다. '스스로 그만두기 전까지는 아무 말 말아야겠구나…'라고 결론을 내리는 것이다. 금세 그만둘 줄 알았는데 1년, 2년이 지나도 여전히 동분서주하는 아내를 보며 슬슬 염려가 된다. 끼니랑 비타민 잘 챙겨 먹고 몸 아끼며 봉사하라는 말이 절로 나온다.

직장을 다니면서 틈틈이 교육자원봉사를 한다던 어떤 봉사자는 투덜대던 남편에게 한마디를 날림으로써 상황을 종료했노라 했다.

“내가 봉사 시작하고부터 집에서 히스테리 부린 적 있어 없어? 없지? 그러니까 그냥 놔둬요. 봉사를 하면 난 모든 스트레스가 해소되고 마음이 안정돼. 퇴근 후 집에 와서 더 이상 가족들에게 스트레스를 풀지 않잖아.”

그 후로 남편은 봉사를 지지한다고 했다.

나의 남편도 같은 수순을 밟았다. 처음에는 대체 요즘 뭘 하고 다니냐며 타박 아닌 타박을 하더니 이내 걱정을 하기 시작했다.

“제발 집에 있을 땐 좀 쉬셔. 그냥 자. 다음 달 봉사는 미룰 수가 없는 건가?”

이 정도만으로도 장족의 발전이었다. 어떻게 해도 아내를 말릴 수가 없다면 챙겨주기라도 해야 한다는 생각을 하게 된 것이었다. 그러다가 어느 날인가는 케이크를 사 들고 집에 왔다. 결혼기념일이나 자신의 생일에도 조각 케이크 하나면 충분하다던 그였다.

"웬 케이크? 어디서 났어?"

"뭐래~~ 당신, 오늘 무슨 날인지 몰라?"

내 눈동자는 허공에서 빠르게 구르고 있었다. 12월 7일... 도무지 알 수 없는 날이었다. 우리에게 의미 있던 날 같지 않은데... 기억을 아무리 더듬어도 떠오르는 게 없었다.

"우리가 연애를 시작한 날도 아니고, 첫 키스 한 날도 아니고... 혹시 처음으로 잔 날인가? 푸하하하!"

"어이구... 까져가지고는..."

답을 알려주지 않고 욕실로 들어가는 남편을 따라가 계속 추궁하는 나에게 남편이 무심하게 툭 던진 한마디...

"올해의 봉사가 모두 끝난 날이잖아~ 한 해 동안 수고했어~"

이럴 때는 무슨 말을 어떻게 해야 하는지 떠오르지 않았고 물색없이 눈물이 왈칵 쏟아졌다. 우왕좌왕하며 옹색한 소리만 주절주절 늘어놓았다.

"돈도 안 되는 일인데... 뭘 이렇게... 고마워..."

가정 경제에 조금이라도 도움이 되는 일을 하지 않는 것이 마음에 걸렸고 혼자 고생하는 남편이 안쓰러웠다. 가시적인 성과라고는 눈곱만큼도 보이지 않는 교육자원봉사에 시간과 노력을 들이는 것이 남편에게 늘 미안했다. 눈에 보이지 않는 것들을 위한 일이라는 나름의 사명을 갖고 하는 일이지만 인정을 바라는 건 욕심이라고 생각했다. 나의 그런 미안함까지 알아채는 남편은 이제 이렇게 말한다.

"당신은 돈 버는 것보다 더 대단한 일을 하고 있잖아. 점점 더 많은 아이들에게 자원봉사로 디베이트를 가르치는 일말이야."

나에게는 뜻깊은 일이지만 가족들에게까지 뜻깊은 일은 아니다. 아무도 나에게 봉사를 강요한 적 없는 것처럼 가족들에게도 이해를 강요할 수 없다. 봉사에 대해 가지고 있는 신념과 의지는 순전히 나의 것이지 가족들의 것이 아니다. 거기에서 오는 간극 때문에 발생하는 어려움과 갈등이 있을 수밖에 없다. 돈도 안 되고 명예가 따르는 일도 아닌 일. 혼자서만 벅차오르는 성취감을 얻느라 동분서주하는 아내, 엄마.

그럼에도 불구하고, 올바른 일이라고 생각하기에 멈추지 못하고 가는 이들이 있다. 전보다 더 부지런하게 집안일을 해내고, 전보다 더 살뜰히 가족을 챙기려 애쓰며 봉사를 나선다. 중간 중간 집안일에 구멍이 생기곤 하지만 이제는 가족들이 그 구멍을 메워준다. 그게 안 되면 이해라도 해준다. 어쩌면 엄마의 봉사에 가족들 모두가 일정 부분 가담하고 있는 셈이다.

가족의 따뜻한 이해와 든든한 지원 속에 길을 나서는, 나는 교자봉이다.

Where

교육자원봉사가 피어나는 곳

10. 공간의 힘

교육자원봉사란 무엇인가?

왜 교육자원봉사가 필요한가?

꼭 필요한 일인가?

교육자원봉사는 위와 같은 질문에 답을 찾아가는 과정이기도 하다.

한 초등학교 교장선생님께서는 교육자원봉사를 생각할 때마다 회의에 사로잡히신다고 했다.

"교육자원봉사가 필요하다는 이야기는 학교가 스스로 기능을 하지 못하다는 것을 공공연하게 드러내는 일이에요. 학교가 모든 것을 커버할 수 없기 때문에 다른 누군가의 손길을 필요로 한다는 것 아니겠어요? 물론 그 다른 누군가가 지역사회와 마을의 사람이라는 것, 공동체 안에서 교육을 바로 세우겠다는 것은 참 이상적인 그림이긴 하지요. 하지만 희생정신과 사명감만으로 봉사를 하라고 강요할 수는 없는 일이에요. 봉사가 민주시민의 소양이라는 메시지를 전하는 것이 먼저 아니겠어요?"

교장선생님의 말씀에는 고민해야 할 지점이 꽤 많지만 모두 차치하고, 봉사의 가치를 어떻게 전달할 것인지, 사람들의 마음에 교육자원봉사라는 씨앗을 어떻게 심어줄 것인지가 가장 어렵게 느껴진다.

자원봉사는 말 그대로 스스로 원해서 해야 하는 일이다. 타인의 권유나 후기를 듣고 자극받을 수는 있겠으나 발걸음을 떼고 참여하기까지 어느 과정 하나 강제할 수 있는 구석이 없다. 막 공부하려고 마음먹었어도 "핸드폰 그만 보고 공부해라!"는 말 한마디에 공부하기 딱 싫어지는 경험, 누구나 해보지 않았던가? 친구 따라 강남 가는 것도 친구가 좋아서라기보다는 강남 가고 싶은 내 마음이 크기 때문이리라. 따라서 "봉사 한번 해보자~ 해보면 너도 성장할 수 있어~ 누군가에게 마음을 주고 네가 얻어가는 게 훨씬 많아~ 정말 가치 있는 일이야~"라고 자꾸 이야기한다고 봉사자가 늘어나지는 않는다.

사회가 할 일은, 교육자원봉사센터가 할 일은, 봉사를 하고자 하는 사람이 나타났을 때 어떠한 마음의 부담 없이도 편하게 봉사할 수 있는 판을 깔아주는 것 아닐까 싶다. '시민의 자발성을 높이려면 어떤 노력을 해야 할까?' 하는 고민보다는 다양한 자원봉사 영역을 개발해 놓고 수요처를 발굴하는 것이 더 중요하다는 생각이다. 자원봉사를 마음먹은 누군가가 주위를 둘러봤을 때, 어디서 어떤 방식으로 봉사를 해야 할지 몰라 주저앉는 일은 없어야 한다는 말이다. 맘에도 없는 사람을 설득해 봉사하게 해놓고 더이상 나타나지 않는다고 실망할 게 아니라 자발적으로 찾아온 봉사자가 지속적으로 봉사할 수 있는 시스템을 갖춰놓는 것. 이게 먼저가 아니겠는가.

10개의 전문 분야가 개발되어 백 명 가까운 교육자원봉사자가 있는 용인처럼 되는 것은 하루아침에 되는 일이 아니다. 업무담당자의 열정과 끊임없는 고민, 봉사자들 간의 끈끈한 유대, 지속적인 수요처 발굴 등등 여러 이유의 복합적 작용이 오늘의 용인교육자원봉사센터를 만들어 냈다.

하지만 가장 주된 요인은 잘 갖춰진 '교육자원봉사센터'가 있었다는 것이다. 봉사는 하고 싶은데 어디서 무엇을 할 수 있는지 모르던 내가 두드릴 수 있던 곳, 두드렸더니 문을 활짝 열며 반갑게 맞아준 곳이 있었기에 가능한 일이었다.

보이지 않는 마음을 움직이는 데는 확연히 눈에 보이는 '판'이 필요하다. '판'이란, 교육자원봉사센터라는 명칭이나 간판 말고 물리적인 공간을 뜻한다. 그런데 불과 4년 전까지만 해도 그게 없었다.

교육자원봉사센터는 교육지원청에 속한 기관이다. 업무 담당자도 교육지원청에서 만날 수 있다. 그런데 '센터'라는 이름이 무색하게 이렇다 할 공간은 어디에도 없었다. 하다 못해 교육지원청 홈페이지에서도 그 존재를 찾기 힘들었다. 어느 조직에나 물리적 공간은 필요한 법인데, 교육지원청 내에 제대로 된 사무실, 아니 책상도 하나 없는 교육자원봉사센터가 활성화되기를 꿈꾼다는 것이 얼마나 허무맹랑한 이야기인가.

'교육자원봉사센터' 공간이 스터디나 회의라는 표면적인 이유만으로 필요한 것은 아니다. '공간'이 가진 잠재적 가치, 즉 사람을 끌어들이고 봉사가 지속가능토록 하는 것이 더 큰 이유다.

첫째, 공간은 사람을 연결한다.

교육자원봉사는 사람이 하는 일이다. 봉사자도 사람, 수혜자도 사람이고 그 둘을 연결하는 것도 사람이다. 디지털 노마드 시대에 물리적 공간의 필요성을 강조하는 것이 시대에 뒤떨어지는 게 아닌가 싶지만 우리가 살아가는 것은 현실세계다. '따로'가 가능한 일과 시기가 있는가 하면 '같이'가 필요한 일과 때가 있다.

'토털공예'팀의 봉사자들은 주로 손으로 오리고 붙이고 연결하는 작업을 한다. 직접 만나서 보고 듣고 만지지 않으면 배우기 힘든 일이다. 미숙한 상대의 손을 잡아 어디에 끼우고 연결하는지를 알려주는 게 효과적인 작업이다.

'회복적 생활교육'팀은 서클이라는 진행방식으로 대화를 하는데 둥글게 원을 만들어 앉아 서로의 이야기를 경청한다. 서클에 참여하는 모든 이들과의 교감이 이루어지고 나에게 집중된 시선과 그로 인한 떨림을 느끼는 시간이다. 컴퓨터 화면 너머의 사람들에게서는 느껴지지 않던 전류가 흐른다.

'패널시어터'팀은 떼었다 붙일 수 있는 특수 종이에 그림을 직접 그려 그걸로 역동적인 인형극을 공연하는 팀이다. 인형극에 쓰일 그림을 그릴 공간, 재료와 완성품을 보관할 공간이 필수다.

함께 공유한 공간과 사람에 대한 기억은 끈끈한 유대로 연결된다. 회의가 끝나면 간편하게 '나가기' 버튼만 누르면 끊어지는 관계에는 한계가 있다. 눈을 맞추고 대화를 하며 서로의 온기를 느끼는 것. 공간만이 줄 수 있는 효과다.

둘째, 공간은 지속가능성을 담보한다.

자원봉사는 말 그대로 스스로 원할 때 가능하고 더 이상 내키지 않으면 언제든 그만둘 수 있다. 따라서 교육자원봉사는 늘 사람에 목마르다. 전문적이고 심화된 교육 프로그램이 갖춰지면 새로운 봉사자들의 유입에 도움이 된다. 봉사를 하고 싶은데 마땅히 어디를 찾아가야 할지, 무엇을 할 수 있을지 모르는 사람들이 찾아갈 센터가 있고 프로그램이 있다면 도움을 받을 수 있다. 기존 봉사자들에게도 공간은 유용하다. 봉사에 필요한 준비물을 보관하거나 수시로 모여 새로운 프로그램을 개발하고 끊임없이 질문을 던지는 장소가 되기 때문이다. 기존 봉사자와 신규 봉사자가 스스럼없이 어울릴 수 있는 곳. 누가 오더라도 어려움 없이 봉사 준비를 할 수 있는 곳. 이런 곳을 우리는 체계가 잘 갖춰져 있다고 표현하지 않는가. 결국 어떤 기관이 체계적이라는 표현은 공간을 전제로 한 이야기라 할 수 있겠다.

다행히 2021년, 경기도 교육자원봉사 활성화 계획의 일환으로 '각 교육지원청 내 센터 공간 구축'이 의무사항으로 포함됐다. 용인교육자원봉사센터에도 번듯한 장소가 생겼다. 시설은 노후했지만 넓고 깨끗하며 볕 좋은 곳에 위치한 독립적인 공간이었다. 봉사자들이 머물기에 불편함이 없도록 업무담당자의 손길이 여기저기 닿았다. 쓸고 닦고 기물을 들여 꾸몄다. 교육자원봉사 정기 회의부터 활성화를 위한 TF팀 회의, 동아리 스터디 등으로 쓸 공간이 생겼다는 것이 큰 기쁨이었다.

공간이 주는 힘을 깨달았으니 잘 누리려면 봉사자들도 공간을 위해 힘을 쏟아야 했다. 상주하는 사람은 없지만 모두가 주인의식을 갖고 깨끗하게 이용할 것을 약속했다. 팀별 사용 시간을 미리 공유하여 효율적으로 활용했고 꾸준하고 활발하게 이용할 수 있는 방법을 고민했다.

한 봉사자는 센터에 거의 매일 들르다시피한다. 봉사를 나가면서 한 번, 봉사를 마치고 한 번, 커피 마시러 한 번, 연구모임 하러 또 한 번. 어떤 날은 무의식중에 교육자원봉사센터로 차를 몰고 있는 자신의 모습에 피식 웃음이 나더란다.

생각만 해도 웃음이 나고 언제든 부담없이 들를 수 있는 곳. 나와 비슷한 마음을 가진 사람들이 가득한 곳. 커피향만큼이나 진한 사람냄새가 가득한 곳. 교육자원봉사센터는 그런 곳이다.

사람을 모으고 마음을 나누는 곳이 있다는 것은 공간 이상의 의미가 있다. 공간의 힘은 세다.

11. 재잘대는 아이들 소리가 가득한 교실

교육자원봉사활동은 학교에서 교과시간에 한다. 학교의 아이들을 온전히 마주할 수 있는 공간, 시간이다. 아이들이 귀해진 요즘, 아파트 놀이터에 가도 아이들을 보기가 힘든데 교육자원봉사를 하게 되면 아이들의 재잘거리는 소리를 만끽할 수 있다. 그래서 나는 쉬는 시간이 돼도 교실에 남아 있다. 연구실에 가서 차라도 드시고 오라는 담임선생님의 배려도 사양한다. 교실 뒤편에 전시된 아이들 작품을 보거나 나를 둘러싸고 질문 공세를 퍼붓는 아이들과 대화를 하기도 한다.

"디베이트 하는 건 너무 힘든데 재밌어요."
"오늘이 마지막이에요? 아잉... 아쉬워요."
"선생님은 어디에 사세요?"

"아후... 아까 토론할 때 너무 떨렸어요."

"쌤! 테이프 공 아세요? 제가 어떻게 만드는지 보여드릴까요?"

삼삼오오 모여 놀이 중인 아이들에게 다가가 무슨 놀이를 하는지 물어보면 친절하게 알려준다. 남자아이들은 대부분 교실 바닥에 배를 깔고 누워있거나 몇몇이 뒤엉켜 굴러다닌다. '어휴... 저 먼지...' 하며 걱정스러운 마음과는 달리 나도 모르게 얼굴 가득 미소가 번진다. 복도에 나가면 더 가관이다. 이웃 반을 기웃거리는 아이, 이산가족 만나듯 옆 반 애들을 만나 수다 떠는 아이, 도망가는 아이, 잡으러 가는 아이로 시장통이다. 한 층에 한 명꼴로 다리에 깁스를 한 남자아이가 보이고, 복도에서 뛰지 말라는 선생님의 외침이 들린다. 정겨우면서도 귀한 소란스러움, 재잘거림은 교육자원봉사자만이 누릴 수 있는 호사이며 가장 큰 보상이라고 생각한다.

물론 늘 그런 생각만 드는 것은 아니었다. '교육자원봉사가 꿈길을 걷는 것 같다, 꽤 낭만적이다'라는 생각에 도취되는 순간 내 입방정 때문에 후회할 일이 생기고야 말았다. 마치 아이가 어렸을 때 꼭 그랬던 것처럼 말이다.

"우리 애는 감기도 한번 안 걸리고 너무 건강해요~"라고 말하면 아이는 기다렸다는 듯 꼭 크게 앓곤 했다. 그제야 엄마의 입놀림을 후회했고 점차 좋은 일일수록 입 밖으로 내는 일을 삼가게 됐다. 교육자원봉사에 있어서도 그래야 했는데 그날은 나도 모르게 방심해 버렸다.

"학교에서 만나는 아이들은 하나같이 너무 예뻐요~ 그렇게 열심히 해줄 수가 없어요. 너무 고마울 따름이지요"라고 말했을 뿐인데, 아니 생각만 했을 뿐인데도 어김없이 일은 벌어졌다.

– 의자를 앞뒤로 달그락달그락, 깔딱거린다.
– 작은 손난로를 머리 위로 던졌다 받기를 계속한다.
– 의자를 뒤로 향하게 돌려놓고 뒤에 앉은 아이만 바라보며 떠든다.
– 기다란 자를 책상 모서리에 대고 계속 구부린다.

– 앞에서 발언하는 아이를 향해 "그래서요?", "어쩌라고요?"라고 대꾸한다.
– 시도 때도 없이 "히히히히~"라며 큰 소리로 웃는다.
– 담요를 뒤집어쓰고 눈만 내놓고 있다.
– 근거가 뭐냐는 상대팀의 질문에 "찍었어요", "우리 엄마가 그랬어요", "코카콜라 했더니 나왔어요"라고 말하며 키득거린다.

이 모든 번잡스러움은 각기 다른 아이들의 행동이었다. 한 반 24명 중 반 정도 되는 학생들이 위와 같은 모습으로 앉아 있던 것이다. 심지어 담임선생님이 교실에 함께 계셨는데도 말이다. 교실 뒤편에 앉아 계시던 담임선생님은 미안함이 가득한 표정으로 나를 바라보고 있었다. 마스크 위로 드러난 눈으로 내게 말하는 것 같았다. '미안해요. 저도 어쩔 수가 없네요. 정말 미안해요…'

'지난주에 그렇게 몰입을 하던 아이들이 맞나? 내가 반을 잘못 찾아왔나? 일주일 동안 아이들에게 무슨 일이 있었던 걸까?'를 생각할 겨를도 없었다.

"여러분, 경청해 주세요~"

"여러분, 친구가 말할 때 잘 들어줘야 자신이 말할 때도 잘 들어주는 친구의 태도를 기대할 수 있는 거예요~"

"여러분, 조금만 진지하게 임해주세요~"

"여러분~~~~~~"을 목이 터져라 외쳤다.

아… 집에 가고 싶었다.

코로나로 35분 단축 수업이라 늘 시간에 쫓겼는데, 오늘의 35분은 왜 이리 기다냐…

아… 도망치고 싶었다.

교육자원봉사센터로 "뭐 그런 선생님이 다 있어요? 수업하다 말고 도망가다니요!!!"라는 전화가 가도 상관없으니 그냥 튈까 생각했다.

눈으로는 평정심을 유지한 채 웃음을 연기했지만 마스크 속으로는 이를 악물고 버텼다. 마스크가 붉은 피로 물들지 않았을까 싶었다. 이를 너무 악물어서…

그나마 다행이었던 것은, 나만큼이나 이를 악물고 열심히 디베이트를 해주던 몇몇 친구들 덕분에 두 시간을 채우고 수업을 마쳤다는 것이다. 옆에서 정신없이 교실을 흔들어대는 친구들을 애써 외면하며 그들은 꿋꿋하게 나를 도왔다. 짐을 주섬주섬 챙기는데 한 아이가 다가왔다.

"선생님... 애들이... 아 진짜 오늘 왜 그러나 몰라요. 근데 저는 너무 재미있었어요. 이젠 안 오시는 거예요?"

담임선생님이 더 가까이 다가왔다.

"선생님... 너무 애쓰셨어요... 저희가 이래요. 진짜, 너무 죄송하고, 고생 많으셨다는 말씀밖에는 드릴 말씀이 없네요."

뭐라고 대답했는지 기억이 나지 않는다.

"아니에요. 즐거웠어요"라고 했던가? "별말씀을..."이라고 했던가... 아무튼, 흑화된 아이들을 피해 뒤도 돌아보지 않고 도망치듯 빠져나왔다.

교육자원봉사를 다니는 일은, 늘 낭만적이지만은 않다. 항상 행복하고 항상 보람차지만도 않다. 그래서 이따금씩 '여긴 어디, 나는 누구?'를 떠올릴 때도 있다. 그럴 때면 난 속으로 되뇐다.

'난 지금을 덕을 쌓는 중이다. 우리 가족들이 건강하고 행복하게 잘 살기 위해 덕을 쌓는 중이다. 그러니 이 정도의 어려움쯤은 참아내자. 다 지나갈 것이다...'

그렇게 이기적인 이유라도 끌고 와야 할 만큼 힘든 시간이 있는 것이다.

신기한 건, 시간이 지나면 그 장면들이 모두 희석되고 좋았던 것, 보람 있었던 것들만 남는다는 것이다. 학교를 생각하면, 아이들을 떠올리면 절로 미소가 머금어진다. 지축을 흔들고 정신을 쏙 빼놓았던 소요가 그저 정겨운 재잘거림 정도로만 기억된다. 그래서 또 교육자원봉사를 하러 길을 나서게 되는 나는, 이상한 교자봉이다.

12. 마을과 마주하는 교육자원봉사

용인교육자원봉사센터에는 10개의 봉사 동아리가 있다. 그중 4개는 2021년에 열린 입문과정을 통해 새롭게 구성됐다. '용인 마주하기'도 그중 하나인데 '우리가 살고 있는 용인의 과거와 현재를 마을 안에서 만날 수 있도록 하는 마을 선생님'이라는 별칭이 붙었다.

그분들은 2022학년도에, 입문과정 이후 첫 봉사를 시작했다. 20년 이상 영어, 논술 등으로 가르친 경험이 풍부한 선생님들인데도 불구하고 새로운 분야, 새로운 아이들과의 만남에 설렘을 감추지 못하는 모습이 인상적이었다.

용인 마주하기 팀의 첫 봉사 장소는 100년이 넘는 역사를 가졌고 용인시 김량장동에 위치한 초등학교였다.

1915년에 개교한 이후 첫 졸업생이 나왔던 1919년 3월 24일, 졸업식을 마친 학생들은 맞은편에 있는 김량 시장(현 용인중앙시장)으로 향하며 '대한독립만세'를 외쳤다. 학생들의 만세운동에 시장 상인들과 주민들이 합세했고 이후 용인 지역 독립만세운동에까지 영향을 주었다고 한다. 그런 뜻깊은 역사와 전통을 가진 학교의 학생들은 용인 마주하기 봉사자들과 함께 선배들이 향했던 길을 따라가 보기로 했다.

학교 인근 지역의 역사와 문화에 대해 알아보고 직접 탐방해 보는 프로그램인 '용인 마주하기'는 아이들에게 뜻깊은 수업이다. 동시에 위험부담이 따른다. 일과 시간에 아이들이 학교 밖으로 나간다는 것은 담임선생님과 학교 측에 큰 부담이 아닐 수 없다. 용인 마주하기 팀 봉사자들이 첫째도 안전, 둘째도 안전을 강조한 이유이며 부족한 인력을 채우기 위해 다른 팀 봉사자인 나까지 합세한 이유가 되었다. 교실 문을 나서는 순간부터 각 반 4명의 선생님들은 초긴장상태가 되었다. 도로를 건너고 다리를 건너 시장 입구에서 만세 삼창을 하고, 시장 안으로 들어가 친일파 송병준, 송종헌 부자가 직접 쓴 일제 찬양 비석인 '팔굉일우 비'

를 관람한 뒤 왔던 길로 되돌아오는 코스. 50분 정도 소요되는 짧은 코스였지만 곳곳에서 어떤 변수가 생길지 몰라 촉각을 곤두세울 수밖에 없었다.

아이들은 생각보다 질서정연했고 기대 이상으로 집중했다. 잠시지만 학교를 벗어난다는 것에 신이 났고 시장을 둘러본다는 것에 흥분했다.

"아이고, 애기들은 어디서 왔어?"라고 묻는 시장 상인들에게 누가 먼저랄 것도 없이 아이들은 답했다.

"안녕하세요~ OO초등학교에서 왔어요."

점포 안쪽에 앉아 있던 상인들은 왁자지껄한 시장 골목으로 나와 손을 흔들어 주었다. 바닥에 앉아 나물을 다듬던 할머니들은 고개를 들어 아이들을 보고 함박웃음을 지었다. "안녕하세요~ 안녕하세요~"를 연신 외치며 배꼽인사를 하는 아이들은 그 존재만으로 시장에 활력을 불어넣고 있었다. 주책없게도 그 모습에 눈물이 핑 돌았다.

"선생님~ 인사 잘하면 사장님이 저기 있는 빵 하나라도 주시지 않을까요?"라며 더 크게 인사하는 아이의 천진함과, "이 노무 쉬끼들! 시끄러워! 조용히 해!"라며 웃는 얼굴로 호통치는 아주머니의 모습마저 정겨웠던 시장 골목. '용인 마주하기 교육자원봉사'를 통해 용인의 아이들과 용인이 제대로 마주했구나 싶었다.

교육자원봉사는 '마을'이 주 활동무대다. 내가 오랜 시간 살아온 곳, 나의 아이들이 살고 있는 곳, 앞으로도 내내 살아갈 곳에서 마을의 아이들에게 교육자원봉사를 하는 어른들의 뒷모습을 자연스럽게 보여주는 것. 교육자원봉사만이 할 수 있는 산교육이다. 우리 마을에 자신의 재능을 무료로 나누어주는 교육자원봉사자들이 있다는 것을 보고 자란 아이들의 미래는, 그러지 못한 아이들의 미래와 조금은 다르지 않을까.

마을 안에서 마을의 아이들과 마주하는 나는, 교자봉이다.

When

교육자원봉사의 시간

13. 봉사에도 봉라밸이 있다

해마다 3월과 7월은 교육자원봉사 매칭으로 분주하다.

학교에 프로그램 계획서를 공문으로 발송하면 각 학교 선생님들은 관심 있는 프로그램을 신청한다. 각 봉사팀의 팀장들은 신청받은 학교 담당 선생님에게 일일이 연락해 일정을 조율한다. 행사와 전담수업 등으로 학교는 늘 바쁘기 때문에 초등학교는 교과시간을, 중학교는 창체시간을, 고등학교는 자율과정이나 동아리 시간을 내어준다. 그 시간과 봉사자들의 일정을 맞추어 한 학기 계획을 수립한다.

우리 팀은 2023학년도 1학기 넉 달 동안 신청 들어온 15개 학교 중 총 8개 학교의 수업을 소화해 냈다. 한 학교당 두 시간씩 세 번 수업을 가야 하니 신청한 학교 모두 가는 것은 무리였다. 그래서 3개 학교는 2학기로 이월해 놓았다.

2학기 신청 공문이 나갈 때 남몰래 기도했다.

'신청이 조금만 들어오게 해주세요. 제발... 할 수 있는 만큼만 들어오게 해주세요...'

종교가 없으니 기도발도 안 먹혔다. 2학기에는 12개 학교가 신청을 했다. 1학기에서 이월된 학교까지 15개 학교가 교육자원봉사 신청 학교 리스트에 올랐다. 마음 같아서는 다 하고 싶었다. 봉사의 목적 중 하나가 디베이트를 많은 아이들에게 알리고 싶은 것인데, 그렇다면 가능한 한 많은 학교에 가는 것이 맞다. 하지만 물리적인 한계를 극복하기란 쉽지 않다. 인원도 부족하고 시간도 부족하다. 거기에 이제는 체력까지 간당간당. 현실적인 문제를 반영해 여러 번 교육자원봉사로 수업을 갔던 몇 개 학교는 일찌감치 제외시켰다. 그랬더니 8개 학교가 남았다. 잘하면 다 할 수도 있겠다 싶었다.

진행상황을 팀 봉사자들에게 알렸다. 평소처럼 별 말이 없었다. 나에게 일 좀 그만 벌이라고 구박하면서도 내가 혼자 짊어지지 않게 하려고 많은 배려를 해주시는 분들. 나의 든든한 믿는 구석. 그러니 이렇게 봉사 신청이 많이 들어와도, 정신없이 휘몰아치며 수업을 해도 괜찮다고 생각했다. 나 혼자서 그렇게 생각해 버렸다.

"선생님들은 가능한 날짜만 수업하세요. 나머지는 제가 다 커버할게요"라고 말했다. 팀을 꾸린 것도 나요, 그들을 가르친 것도 나요, 책임도 나의 몫이니 내가 더 많이, 내가 더 열심히 하면 된다고 생각했다. 이것도 나 혼자서... 그런데 우연히 그들의 속마음을 알게 됐다.

많은 학교에 가서 더 많은 아이들을 만나 디베이트 수업을 하고픈 마음은 나와 같았다. 나름의 보람과 재미를 느끼는 것도 같았다. 다만, 팀장 혼자 짊어지는 수업이 많다는 것은 그들에게 또 다른 숙제이자 부담이었다. 거기까지 헤아리지 못했던 것을 알게 되자 아차 싶었다. 내가 한 건 배려가 아니라 독단이었다는 데 생각이 이르렀다. 함께 오래가고자 한다면 그래서는 안 되었다. 돈 버는 일도 아니고 오로지 각자의 마음으로만 하는 일인데 그 마음까지 흔들어놓는다면 함께 오래갈 수가 없는 것이다. 하여, 8개 학교 중 담당자와 연락이 닿지 않았던 학교 두 곳은 목록에서 과감히 지웠다. 우리에게도 방학이 필요하다는 의견을 반영해 8월 초 예정됐던 학교는 9월로 미루었다. 그렇게 6개의 학교를 남겼다. 일주일에 하루 정도를 봉사에 할애할 수 있게, 우리도 우리의 삶을 챙길 수 있게, 아무도 내게 빚진 기분으로 봉사하지 않게 일정을 조정했다.

봉사를 하다 보면 기력이 소진되는 날도 더러 있었다. 박카스를 아무리 먹어도 소용이 없고 잠이 쏟아졌다. 삼겹살이라도 구워 먹는다면 나아질까? 소고기를 구워야 할까? 아니지... 봉사 다니느라 힘 빠져서 고기를 사 먹는다는 게 무슨 코미디냐? 배보다 배꼽이 더 큰 것도 아니고 그냥, 바보짓 아닌가? 가만히 있어보자... 돈 벌러 다니느라 기력이 달려 고기를 구워 먹는 것은 되고, 봉사하느라 힘들어 고기를 구워 먹는 것은 안 되는 걸까? 봉사한다고 고기를 구워 먹는 것에 이상함을 느끼고 본전을 생각하게 되는 상황이라면, 봉사를 계속하는 게 맞는 건가? 별별 생각에 괴롭힘을 당하면서도 틈틈이 잠을 자고 고기를 먹고 비타민을 입에 털어 넣었다.

'돈 받는' 수업을 다니느라 바쁜 때는 강의를 다니는 틈틈이 봉사를 했다. 돈도 버는 와중에 봉사를 했던 것이다. 할 수 있는 만큼만 했어도 보람이 컸다. 유료 강의는 없고 봉사만 하는 시절도 있었다. 어차피 집에 있어봐야 버리는 오전 시간이니 봉사라도 하면서 수업 감이라도 잃지 말자며 스스로를 다독이지만 어느 정도까지 내 시간을 할애해야 적절한 봉사인지 끊임없이 고민해야 했다.

워라밸처럼 봉사에도 봉라밸이 있다. 자칫하면 봉사와 삶의 균형이 깨질 수도 있다는 것을 잊어서는 안 된다. 부담감이 짓누르는 봉사, 즐겁지 않은 봉사가 무슨 의미가 있겠는가. 함께하자고 해놓고 나 혼자만 잔뜩 짊어지고 저만치 앞서간다거나, 내 가족과 내 건강, 내 삶을 제대로 챙기지 못하고 하는 봉사가 과연 누구를 위한 봉사란 말인가.

삶도 그러해야 하듯이 봉사를 할 때도 잠시 멈춰 서서 왔던 길 돌아보고 숨을 고르는 시간을 가져야 한다. 그래야 오래 갈 수 있다.

Why

교육자원봉사의 목적과 이유

14. 실비보다 더한 보상

"선생님~ 봉사하느라 너무 애쓰시네요. 그렇게 애쓰는 거에 대해 대가도 못 받고... 교육자원봉사에도 이제는 어느 정도 강의료나 실비를 보장해 주어야 하는 게 아닐까 생각이 들더라고요. 실제로 그 부분 때문에 다른 마을 사업으로 가시는 분들이 많으시잖아요."

마을공동체 사업을 하는 어느 분의 말이었다. 고생하는 교육자원봉사자들을 생각해서 해준 말이라고 하기에는 굉장히 기분이 상하는 발언이었다. 분탕질을 당한 느낌이랄까.

"강의료나 충분한 실비를 받으면, 그건 더 이상 자원봉사가 아니죠. 합당한 보수를 받고 싶은 사람은 더 이상 자원봉사를 하지 않으면 되고요... 자원봉사센터에 봉사를 하러 와서 돈을 안 준다고 하는 건, 봉사에 대한 이해가 부족한 게 아닐까 싶네요."

순간 욱해버린 내 발언에 당황한 상대는 "너무 고생하시니까, 걱정되는 마음에 말씀드려 봤어요"라며 급하게 대화를 마무리했다.

경기도에서 마을교육공동체의 일환으로 시작한 사업 중 가장 예산이 적게 드는 사업이 교육자원봉사다. 반면 꿈의학교의 경우(2023년부터 경기이룸학교로 바뀌었다) 지원 예산과 교육청의 관심이 많았다. 꿈의학교 강사들은 기준에 맞게 제대로 된 강사료를 지급받았다. 협동조합에 대한 교육청의 관심과 지원도 높아졌다. 꿈의학교나 협동조합과는 다르게, 교육자원봉사에 대한 예산 지원은 크게 늘어나지 못했다. '봉사'라는 말에 깔린 '무보수성' 때문이다. 교육자원봉사 활동에 따른 실비는 각 시군구마다 양상이 다르다. 4시간 이상 봉사 시 교통실비 만 원을 지급하는 곳도 있고 그마저도 없는 경우가 허다하다. 교통실비는 수요처인 학교에서 봉사자에게 지급하도록 되어 있다. 하지만 의무조항은 아니다. 그나마 봉사에 필요한 재료비의 경우는 학교 측에서 부담하거나 교육자원봉사센터에서 부담해 준다.

봉사자들 사이에서 실비에 대한 의견은 분분하다. 애초에 돈이 목적이 아니었기에 4시간 이상 봉사 시 받는 실비 따위에는 관심 없다는 봉사자들이 많다. 내 시간과 노력을 들여 봉사하는 것이므로 교통비도 감수하겠다는 것이다. 물론 교통비 정도는 챙겨주면 좋기야 하겠지만 금전적 보상에 연연함으로써 봉사의 순수성이나 기본정신이 훼손되는 인상을 풍기는 건 싫다는 것이다.

반면 내 재능과 시간을 내어주며 봉사를 하는데 적어도 교통비 정도는 지자체에서 챙겨주도록 제도화하고 예산편성을 해야 하는 것 아니냐는 의견도 강하게 제기된다. 특히 교육자원봉사의 경우 한 시간의 수업을 위해 그보다 몇 배 되는 시간을 할애해 준비하는데, 그 시간에 대해 인정도 못 받는 현실이니 실비라도 현실화해 달라는 것이다. '봉사에 대한 적절한 보상'이 있어야 봉사자 모집, 관리, 지속성이 보장될 것이라는 의견도 더한다.

어느 쪽이 맞는다고 쉽게 판단하기가 어려운 문제다. 컨설팅을 다닐 때마다 지속적으로 제기되는 문제점이지만 교육청에서는 예산 부족을 이유로 일관되게 기존의 입장을 고수한다. 각 지역이나 기관별로 상황에 맞게 알아서

하라는 것이다. 열심히 활동하는 봉사자들 덕분에 교육자원봉사센터는 명맥을 이어갈 수 있다. 따라서 교육청에서는 봉사자들에 대한 고마움을 어떻게든 표현하고 싶어 한다. 금전적으로는 해줄 수 있는 게 없으니 봉사시간을 인정해 주고 시군구별 인센티브제를 도입하거나 표창을 하는 것이 전부이다.

봉사에 대한 적절한 보상이란 무엇일까? 표창장? 격려와 지지? 풍족한 실비? 한 학기 봉사가 끝나면 교육청 이름이 찍힌 몇 만 원의 돈이 입금된다. 생각지도 못한 돈을 받고 나면 당연히 기분이 좋다. '한 학기 동안 들인 시간과 노력에 대한 보상이 겨우 이 정도란 말이냐'라는 생각보다는 공돈이라도 생긴 것처럼 기분이 좋다. 식구들에게 치킨을 쏘고 맥주 한잔이면 사라지는 금액. 그 돈을 받았다고 보람이 훨씬 더 커지지는 않는다. 봉사를 다니며 그보다 썼으면 더 썼을 테니 교통비를 커버했다고 생각하지도 않는다. 다만, '잊히지는 않았다'는 생각이 든다. 봉사시간으로든 실비로든 내 활동에 대한 족적이 남았다는 생각에 조금은 뿌듯해진다.

'나눔'은 크게 기부, 자원봉사, 생명 나눔으로 나뉘는데 나는 그중 기부를 제외한 두 가지를 하고 있다. 난 돈이 없다. 누구처럼 사회에 환원할 돈도 없고 십일조처럼 수입의 얼마를 꾸준히 기부할 여유도 없다. 나중에 돈이 많으면 기부해야겠다는 불확실한 포부 대신 지금 당장 할 수 있는 '교육기부'와 '헌혈'을 택했다. 돈 대신 나의 시간과 재능, 혈액을 나누기로 한 것이다.

보건복지부가 발행한 '나눔 실태 2022'에 따르면 자원봉사를 하게 된 이유 중 '보람을 느껴서'의 응답률이 30.1%로 가장 높게 나타났다. 이어서 '주위의 요청을 받아서' 24.0%, '다양한 사회문제를 해결하는 데 도움이 되고자'(21.7%), '형편이 어려운 사람을 돕고 싶어서'(21.4%)가 뒤를 이었다. 행정안전부가 발행한 '2023 자원봉사실태조사 보고서'에 따르면 자원봉사에 참여한 동기는 '타인과 사회에 도움이 되고 싶어서'(53.2%), '시간을 의미있게 활용하기 위해서'(39.1%), '다양한 사회문제를 해결하는 데 관심이 있어서'(24.9%), '다양한 경험을 해보고 싶어서'(17.9%) 순으로 나타났다. 자원봉사활동 만족도를 보면, '필요한 사람이라는 느낌을 주었다'(95.8%), '개인적 성취감을 주었다'(93%), '나의 삶의 경험을 넓혀주었다'(92.4%) 순이었다.

이를 종합해 보면 자원봉사는 내재적 동기와 외재적 동기 둘 다 있어야 오래 가능한 것이라고 유추할 수 있다. 나의 여가시간을 의미 있고 특별하고 재미있게 보내면서 동시에 나의 성장을 도모할 수 있다는 것은 일반적인 '일'에서는 찾기 힘들다. 그런데 이렇게 내재적 동기만으로 봉사를 하게 된다면 '재미없어져서', '나에게 전혀 도움이 안 되는 것 같아서', '내 삶이 이렇게 빡빡하고 힘든데 무슨 부귀영화를 누리겠다고 이 일을 하고 있지?'라는 이유로 하루아침에 그만둘 수 있게 된다.

사회문제를 해결하거나 사회에 필요한 사람이 될 수 있는 기회이고 시민의 책임이라고 생각하여 봉사를 하게 되는 외재적 동기만으로 봉사를 하게 된다면 어떨까? 어느 순간 '나 한 사람의 미약한 힘으로 세상이 변할까?', '시민이 이렇게 동원되는 게 바람직한 일인가?'라며 자괴감에 빠질 수 있다.

그런데 두 가지 동기를 모두 가지고 있다면 조금 더 오래 봉사를 할 수 있다. 개인적인 재미는 없어졌더라도 나의 봉사가 사회적으로 무의미한 일은 아니라는 생각이 나를 일으켜 세운다. 나 한 사람으로 인해 세상이 바뀌지는 않겠지만 적어도 '나'라는 사람의 세상은 바뀔 것이라는 기대가 나를 움직이게 한다. 그러다 보면 오래도록 의미 있는 시간을 보낼 수 있으리라.

구체적으로 교육자원봉사가 주는 만족감은 어디에서 올까? 개인적인 만족감은 '보상'과 '성장', 직업으로의 '연결'에서 찾을 수 있다.

보상

디베이트 교육자원봉사를 통해 내가 받는 적절한 보상이란 뭘까? 디베이트가 널리 널리 퍼져서 내게 사교육을 받는 학생들이 많아지기를 바랐을까? 불행히도, 봉사 6년째지만 아무도 봉사를 통해 디베이트를 알게 됐다며 돈 주고 배우고 싶다는 사람은 없었다. 지역사회에 이름을 널리 알려 시의원 선거에 나가보려는 야욕이 있었던 걸까? 정치외교학을 전공했지만 정치는 전혀 하고 싶지 않은 나다. 한 번 나갈 때 반드시 4시간 이상 봉사를 해서 봉사 실비를 잔뜩 벌어들이고 싶은 걸까? 반년 동안 십여만 원을 받는 걸 '잔뜩'이라고 볼 수는 없다. 표창을 받고 싶은 걸까? 상장은 진짜... 어디에도 쓸 데가 없다.

봉사에는 '무보수성'이라는 특성이 있다. 대가를 바라지 않는다는 것이다. 봉사의 가치라는 것에 대해서는 사회적인 인식이 자리 잡았으니 이제 봉사자에게 적절한 보상이 주어져야 한다는 의견들도 있지만, 나는 여전히 봉사라는 이름으로 활동한다면 대가를 바라지 않는 것이 맞는다고 생각한다. 불교에서는 이를 무주상보시(無住相布施), 즉 '집착 없이 베푸는 보시'라 한다. 좋은 마음을 나누는 데 있어서 상대에게 무엇을 바라게 된다면 대가가 주어지지 않았을 때 흔들리고 허물어질 내 마음을 어떻게 감당하겠는가.

그런데 봉사를 지속적으로 할 수 있으려면 물질적인 것 이외의 보상이 필요하다고 생각한다. 예를 들면, 새로운 사람을 만나는 기회를 얻게 된다거나 다양한 경험을 해보는 것, 자기 계발에 도움이 된다거나 마음의 위로를 얻는 것 등 말이다. 내가 찾은 나 자신을 위한 보상은 '운'이다. 교육자원봉사라는 행위는 곧 내 덕과 운을 쌓는 행위여서 언젠가 반드시 좋은 일로 돌아올 것이라고 믿는다.

일본인 야구선수 오타니 쇼헤이가 학창 시절 만들었던 만다라트(Mandal-Art)에도 '운'이 등장한다. 8구단 드래프트 1순위를 목표로 정해 '몸 만들기, 멘털 관리하기, 스피드 올리기' 등 구체적인 전략을 구상해 놓은 그의 만다라트에는 '운'을 높이기 위한 전략이 있다. 운을 위해 그가 실천하고자 한 행동은 간단하다. 인사하기, 쓰레기 줍기, 부실 청소, 심판을 대하는 태도, 책 읽기, 응원받는 사람 되기, 긍정적 사고, 물건 소중히 쓰기. 사람과 내 주변을 대하는 나의 마음가짐을 바르게 하는 것이 나의 운을 높인다고 여긴 것이다. 교육자원봉사를 하는 나의 마음도 그와 같다. 환한 얼굴과 편안한 눈빛, 부드러운 말씨로 아이들을 만나 내가 가진 작은 재능을 나누어 그들에게 어떤 영감을 주거나 작은 위로가 될 수 있다면 그게 내 삶의 운도 높여 주리라 믿는다. 남편과의 관계가 나날이 좋아지는 것, 아이들이 무탈하게 잘 자라 성인이 된 것, 공부에 관심 없는 큰아들이 자신의 적성과 능력을 잘 찾아 진로를 정했고 열심히 살고 있는 것, 공부밖에는 할 게 없다던 작은아들이 조금씩 성적을 올려 서울대에 진학한 것, 우리 가족 모두 건강하고 행복한 매일을 보내고 있는 것. 이 모두는 지난 몇 년간 봉사로 쌓은 운 덕이라 굳게 믿고 있다. 2023년에는 교육자원봉사센터 센터장이 되었는데, 이 역시 덕과 운을 쌓은 결과라고 생각한다. 월급이 있거나 엄청난 명예를 누리는 자리는 아니지만, 교육자원봉사를 향한 나의 애정을 인정받은 것 같아 기쁘다. 봉사와 운이 상호작용하면서 복리로 불어나는 기분을 만끽하고 있다.

교육자원봉사가 주는 보상은 '운' 외에도 많다.

먼저, 자기 효능감을 높여준다. 자기 효능감이란, 어떤 일을 해낼 수 있는 능력이 있다고 스스로 굳게 믿는 것을 말한다. 자기 효능감이 높은 사람과 낮은 사람을 어떻게 구분할 수 있을까? 자기 효능감이 높은 사람은 긍정의 기운이 넘친다. 어떤 문제가 생기고 난관이 발생해도 '할 수 있어, 해보자!' 하는 사람이다. 반대로 자기 효능감이 낮은 사람은, '어차피 해도 안 돼, 글렀어, 나는 왜 이럴까?' 하며 내 탓을 넘어서서 남 탓, 환경 탓만 하기 바쁘다. 아무 시도조차 하지 않는다.

자기 효능감은 어떻게 높일 수 있을까? 작은 성취 경험이 반복되었을 때, 다른 사람의 실패와 성공을 관찰해 비슷한 노력을 할 때, 타인의 격려와 지지가 있을 때, 긍정적인 마음을 가질 때 높아진다고 한다. 그렇다면 교육자원봉사가 딱 맞다. 아이들을 만나 가르치는 매 순간이 늘 행복하고 순조롭게 흘러가지는 않지만 어떻게든 극복하게 된다. 돌발 상황에 대처하는 나만의 해결책을 찾았을 때, 수업에 만족하는 아이들의 모습을 보았을 때 성취감을 느낀다. 함께 봉사하는 선생님들의 지지와 격려를 받으면 기운이 난다. 이렇게 교육자원봉사로 쌓인 만족감이 자기 효능감을 높인다고 믿는다.

교육자원봉사는 봉사자의 건강도 책임진다. '헬퍼스 하이'라는 용어가 있다. 마더 테레사 효과, 슈바이처 효과라고도 불리는데, 하버드 의대 교수의 실험에서 나온 말이다. 대가를 받는 일과 대가를 받지 않고 하는 일을 한 학생들을 대상으로 면역항체 수치를 조사했는데, 대가가 주어진 학생 그룹보다 대가 없이 봉사한 학생 그룹에서 나쁜 병균을 물리치는 항체 수치가 월등히 높아진 것이 발견된 것이다. 몇 달 뒤에 마더 테레사 수녀의 일대기를 담은 영화를 학생들에게 보여주고 다시 측정했다. 놀랍게도, 이 영화를 본 학생들은 혈압과 콜레스테롤 수치가 현저히 낮아지고 엔도르핀이 정상치의 2배 이상 증가하여 몸과 마음에 활력이 넘친다는 사실을 알게 됐다. 봉사하는 모습을 보기만 해도 건강이 좋아진다는 얘기다. 그러니, 대가 없이 나눔을 실천하는 교육자원봉사자뿐 아니라, 그런 교육자원봉사자를 옆에서 지켜보는 가족들 모두 건강해질 수 있다.

마지막으로, 교육자원봉사와 함께라면 멋진 노후를 꿈꿀 수 있다. 교육자원봉사는 고독감을 줄여주고 생산적인 노후를 영위할 수 있게 해준다.

나이가 들어서 갈 곳이 없다고 하소연하는 어른들이 많다. 만날 사람도, 갈 데도 없으니 하루 종일 우두커니 TV 트로트 프로그램과 유튜브만 시청한다고 한다. 점점 무기력해지고 자존감도 떨어진다. 사람이 활력 있게 살아가려면 뭘 해야 할까? 신발을 신어야 한다. 일단 신발을 신고 몸을 움직여 어디든 가야 하고 누구든 만나 대화를 나누어야 한다.

우리에게는 교육자원봉사가 있다. 나를 필요로 하는 사람이 있고 봉사자 친구들도 있다. 아직 사회인으로서 할 일이 남았다고 느끼기 때문에 앞에서 말한 자기효능감도 높아진다. 게다가 '노인'의 이미지를 긍정적으로 변화시킬 수 있다. 나이 든다는 것이 더 이상 서러운 일, 슬픈 일, 안타까운 일이 아니라 얼마든지 아름다운 일, 부가가치를 창출할 수 있는 생산적인 일이라는 이미지를 줄 수 있는 것이다.

나이 든 사람만이 돌봄의 대상이 되지 않는 세상이 오리라 생각한다. 활력 가득한 몸과 마음으로 돌봄의 대상에서 돌봄의 주체로 우뚝 서는 노후. 그 이상의 보상이 있을까. 교육자원봉사를 통해 가능하다.

봉사에 대한 적절한 보상이 '실비'는 아니다. 그깟 실비 받아도 그만 안 받아도 그만이라는 생각이 더 크다. 주면 고맙지만 안 준다고 해서 봉사를 그만둘 이유는 전혀 아니라는 얘기다. 대부분의 교육자원봉사자들이 그러하리라 믿는다. 물론, 실비와 같은 적절한 보상의 부재를 이유로 당장 "나 봉사 안 해!"라고 하더라도 손가락질하며 비난할 사람은 아무도 없다.

다만, 학교와 사회를 위해 나의 재능을 나누었더니 나에게 실비보다 더 큰 보상이 돌아오는 경험을 더 많은 사람이 누렸으면 한다.

15. 봉사자를 움직이게 하는 봉업 일치

성장

교육자원봉사를 계속하게 하는 동기 중 하나는, 봉사가 끊임없이 나를 성장시킨다는 것이다. 나와 함께 디베이트 교육자원봉사를 하는 선생님들은 봉사를 앞두고 주제에 대한 공부뿐 아니라 수업 운영 전반에 대한 준비를 하느라 늘 고생이다. 디베이트라는 형식이 주는 경직성과 어려움을 극복하려면 주제가 쉽고 친숙해야 하는데, 매번 그 부분이 많이 아쉽다. 개인 수업이라면 얼마든지 깊이 있게 이야기 나누고 자료를 찾아보며 즐겁게 다룰 수 있는 주제들이지만 각양각색의 학생들이 모인 교실 수업에는 걸맞지 않은 주제가 많기 때문이다. 내가 속한 협회에서 수업할 때나 개인 수업 때는 미처 헤아리지 못하던 부분이었다. 협회는 디베이트라는 정체성을 고집해야 하는 단체이다. 게다가 일반적인 토론, 논술과의 차이를 꾀하다 보니 주제부터 관련 도서까지 늘 어려웠다. 최근 협회 캠프에서 다루는 주제를 보니 "과학은 빅뱅 이전 우주의 기원도 규명할 것이다", "가상현실은 현실의 일부분이다", "인간에게 자유의지는 없다" 등이었다. 그런 분위기에 물들어 있던 나는 디베이트란 학습자의 '지적 허영심'을 어느 정도 만족시킬 수 있어야 한다고 생각했다. 학습자가 평소 접하지 못했던 주제를 다루어 생각의 영역을 넓혀주고 배경지식도 쌓게 해주는 것이 코치의 몫이며, 학습자 자신이 할 수 있는 것보다 약간은 어려운 과제여야 수행했을 때 성취감이 높아지는 것이라 여겼다. 물론 그 신념에는 변함이 없지만 팀과 함께하는 교육자원봉사에 내 고집을 부릴 수는 없었다. 따라서 봉사가 이어지는 동안 내 안에서는 끊임없는 타협이 이어져야 했다.

언어 습득 이론 중에 'comprehensible input'이라는 것이 있다. 학습자가 이해 가능한 수준으로 유의미하며 재미있는 입력이 이루어질 때 언어 습득의 효율성이 높아진다는 것이다. 같은 맥락으로 디베이트 주제와 수업 내용도 학습자의 수준보다 약간은 어렵지만 이해 가능한 수준으로 준비되어야 한다. 여기서 '이해 가능한 수준'에 대한 정의는 학습 주체마다 달라져야 한다. 교실 수업과 소수 그룹 수업의 주제와 내용이 달라질 수밖에 없다는 것을 인정해야 하는 것이다. 이처럼 교육자원봉사를 통해 학교에서 수업하는 경험은 나의 직업인 디베이트코치의 능력치를 더 올려주는 계기가 된다. 다양한 학습자의 관점을 고려하게 되고 좀 더 쉽고 재미있는 수업을 고민하게 만든다. 디베이트코치를 하다가 봉사를 하게 되었는데, 봉사를 하면서 디베이트코치로서의 역량이 높아지는 것. 그것이 교육자원봉사의 끈을 놓지 않게 하는 나의 동기로 작용했다.

연결

2021년 1학기에 5학년, 2학기에 6학년을 대상으로 교육자원봉사를 나갔던 학교에서 그해 연말에 연락이 왔다. 프로그램 만족도가 너무 높아서 다음 해부터는 전 학년 전 학급을 대상으로 1년에 걸쳐 디베이트 수업을 하고 싶다는 것이었다. 당연히, 강사료를 지급하고 말이다. 함께 활동하는 교육자원봉사자들에게 더없이 기쁜 일이 아닐 수 없었다. 우리가 했던 모든 순간들이 의미 있었음을 확인하는 순간이었기 때문이다. 해당 학교의 독서토론논술 프로젝

트는 2024년까지 세 해 동안 계속됐다. 학생과 학부모 대상 만족도 조사의 결과가 좋았고 선생님들의 관심도 높았기 때문에 가능했다. 자원봉사로 시작한 일이 수입을 창출하는 일로 이어진 것, 스티브 잡스가 말한 'connecting the dots'는 이런 걸 두고 하는 말 아닐까.

자기가 열성적으로 좋아하는 분야의 일을 직업으로 삼는 것을 '덕업 일치'라고 한다. 덕질과 직업이 일치했다는 의미이다. 교육자원봉사를 하다가 그것이 일로 이어졌으니 우리에게는 봉업 일치라는 표현이 맞겠다. 개인적인 만족감, 운의 상승, 나날이 성장하는 역량을 보는 것만으로도 충분한 보상이라고 생각했는데, 소득으로 이어지니 그 또한 큰 즐거움이었다. '교육자원봉사자들은 어디에서 강의를 해도 충분한 실력과 전문성을 갖추었다'는 것을 스스로 증명해 냈으며 인정받았다는 것은 우리로 하여금 교육자원봉사에 더 큰 마음을 기울이게 되는 계기가 되었다.

16. 시민의 사회 참여

2021년, 용인교육자원봉사센터 개소식을 알리는 어느 밴드의 글에 용인 지역에서 교육 관련 시민단체를 이끌고 있다는 분의 댓글이 달렸다. 그분의 워딩을 그대로 옮긴다.

"교육자원봉사센터라는 것은 학부모들의 교육 주체성에 긍정적인 영향보다 부정적인 영향을 더 많이 끼친다. 학부모들을 그저 동원이나 봉사를 하는 존재로 당연히 여기고 학부모들이 진정한 민주시민으로 실력을 키우기보다 집에서 가족들을 위해 봉사하듯이 세상을 위해 봉사하는 게 당연한 듯 여기는 교육청의 안일한 인식과 권위적인 관행을 보여주는 하드웨어일 뿐이다. 왜 학부모들의 시간은 아이들을 위한다는 미명하에 번번이 무료로 동원되어야 하는 건지... 12년 동안 학교에서 온갖 자원봉사활동을 했는데 그것이 교육청이 학부모들을 학교의 하부 인력처럼 여기게 만드는 관행이었던 게 아닌가 하는 회의가 든다. 국민 세금은 세금대로 들어가고 말이다."

교육자원봉사를 하는 봉사자로서, 이 사람을 대면해 따지고 싶었다는 것이 솔직한 심정이다.

'당신이 교육자원봉사 맛을 알아?'라고... 그렇게 말하는 당신은 진짜 봉사라는 걸 해보기는 했느냐고. 학부모로 자신의 아이가 다니는 학교에서 한 것을 봉사의 전부라 생각하는 것은 아니냐고 말이다. 교육자원봉사자가 학교에 가서 하는 활동은 학부모로서 했던 자원봉사와는 상당 부분 다르다.

첫째, 교육자원봉사는 학부모들이 주체가 아니다.

교육자원봉사는 지역 주민의 교육기부 참여를 강조한다. 우리 마을의 사람들이 우리 마을에서 우리의 아이들을 위해 시간과 노력을 내어주는 것이다. 단지, 봉사자 중에 학부모가 다수 포함됐을 뿐이다. 교육자원봉사센터를 알게 되고 유입하게 된 계기가 학부모 동아리이거나 학부모 네트워크일 수는 있지만 모든 봉사자가 학부모인 것도 아니고 학부모라서 하는 일도 아니다. 따라서 학부모를 졸업한다고 해서 그만둘 이유도 없다. 자발적인 마음에서 아이의 학교와 무관하게 시작한 일이니 자신의 아이가 학교를 졸업한다고 해도 봉사자들은 여전히 교육자원봉사센터에 남는다. 학부모로 시작한 게 아니라 '시민'으로 시작했기 때문이다.

둘째, 동원이 아니다.

그분의 말 중 '학부모를 봉사하는 존재로 여기는 교육청의 안일한 인식과 권위적 관행'에는 교자봉에 대한 이해가 전혀 없다. 학교 교육의 3주체 중 하나인 '학부모'와 교육자원봉사센터의 '봉사자'를 완벽하게 동일시했기 때문에 나올 수밖에 없던 결론이다. 학교 현장에서 학부모를 상대하는 교육청의 인식과 관행에는 동의한다. 비자발적인 이유와 동원이 어느 정도는 맞다. 나 역시 아이들의 학교에서 녹색 어머니회나 급식 모니터링, 각종 소위원회 참여 등 동원의 성격이 강한 활동을 많이 했다. 그렇게 동원해 놓고도 학교나 교육청이 학부모의 주체성을 인정하지 않는 것 역시 맞는 지적이라고 생각한다. 필요할 때 부르기는 편하지만 조용히 좀 있어 줬으면 하는 게 교육청과 학교가 바라보는 학부모가 아닐까 생각한 적이 많기 때문이다. 하지만 비난만 하고 싶지는 않았다. 나의 활동이 학생들의 안전과 편안한 학교생활에 보탬이 되고 학교가 좀 더 효율적으로 운영되는 데 도움이 된다면 내 시간과 노력을 바치는 일을 기쁜 마음으로 하겠다고 마음먹었다. 동원이 자원으로 변하는 것은 순식간이었다.

학부모를 향한 시선과는 달리, 교육자원봉사센터의 봉사자에게는 교육청이 어떤 인식과 관행이라는 것을 가지고 있지 않다. 교육청에서 큰 관심을 두고 있는 사업이 아니기 때문이다. 요즘 들어 약간의 관심이 생겨나기는 했지만, 미미하다.

봉사라는 것은 필요하다고 동원할 수 있는 영역이 아니다. 공공근로처럼 시급을 챙겨주는 일도 아닌 일에 누가 동원되겠는가? 학부모로 학교 행사에 동원될 때는 내 아이가 학교를 다니고 있으니 울며 겨자 먹기로 동원됐다는 표현이 맞겠지만, 교육자원봉사는 아니다. 내 아이의 학교에서는 내가 교육자원봉사라는 일을 하는지 안 하는지 알지도 못한다. 봉사를 나간 학교에서는 내가 학부모인지 아닌지 궁금해하지 않는다. '나'라는 사람은 온전히 '나'의 의지로 '내'가 하고 싶은 일을 하고 있을 뿐이다. 순전히 자발적으로.

셋째, 교육자원봉사에 많은 세금은 들어가지 않는다.

경기도 마을교육공동체 사업에는 '협동조합', '꿈의학교', '교육자원봉사'가 있었다. 이 중 상당한 세금이 꿈의학교에 집중됐다. 기관이나 단체가 만들어 운영하는 '찾아가는 꿈의학교'와 학생들이 직접 운영하는 '학생이 만드는 꿈의학교'에는 매년 심사 후 얼마간의 지원금이 지급됐다. 2021년도에는 꿈의학교에 186억 원의 예산이 배당됐다. 많은 예산이 배당되니 말도 많고 탈도 많았다. 전체 학생의 3% 정도만 꿈의학교 참여를 하고 있으며 성인 중심의 단체나 기관들 위주로 진행되다 보니 꿈의학교 본질에서 벗어나는 일이 많이 발생했다. 이에 반해 교육자원봉사에 들어가는 예산은 5억 원이었다. 그나마도 2021년 처음으로 인상된 것이고 그전에는 1억이 조금 넘었다. 경기도 25개 교육지원청이 그 돈을 나눠 쓰고 있었다. 각각의 교육자원봉사센터가 적게는 600만 원에서 많게는 1,500만 원으로 1년을 버틴 것이다.

민주사회 실현을 위해서는 시민의 참여가 중요하다.

시민의 참여는 다양한 방식으로 이루어진다. 행정기관 등에 민원을 제기하거나 국가기관에 청원하기, 같은 의견을 가진 사람들의 명단을 모아 해당 기관에 제출하는 서명 운동, 다수의 사람이 광장에 모여 문제 해결을 요구하는 집회, 정책제안 등. 나는 교육자원봉사 역시 시민의 사회참여 방식 중 하나라 생각한다. 말로만 떠드는 게 아니라 직접 행동하는 것이다. 교육의 변화를 꿈꾸고 아이들이 민주시민으로 성장할 수 있도록 내가 할 수 있는 일을 하는 것이다. 게다가 교육자원봉사는 시민의 사회참여를 마을 아이들에게 몸소 보여줄 수 있는 기회이다. 자발적이면서 무보수로 봉사하는 지역사회 시민을 보며 성장한 아이들은 자신도 사회를 위해 무언가를 하고 싶다는 마음을 자연스레 갖게 되지 않을까.

한 현직 교장선생님은 "봉사가 시민의 교양이 될 수 있도록 해야 한다"라고 하셨다. 시간과 마음을 타인과 나눌 수 있는 가장 손쉽고 빠른 방법, 돈이 없어도 사회를 위해 공헌할 수 있는 방법, 미약한 지식이지만 학생들에게 학교에서 배울 수 없는 것들을 경험하게 하는 것, 봉사하는 시민을 보고 자란 아이들이 다시 사회에 봉사를 할 수 있도록 모범적인 샘플이 되는 것. 민주시민으로서 할 수 있는 최선 아닐까. 모든 민주시민이 교육자원봉사자는 아니지만 모든 교육자원봉사자는 민주시민이라고 감히 말할 수 있는 이유다.

좋은 점이 많은데 누구한테 권할 수 없는 게 자원봉사다. 시작부터 끝까지 자발적이어야 오래가는 것이 자원봉사다. 강요된 참여는 오래갈 수 없다. 그러니, 교육자원봉사는 동원에 의해 억지로 할 수 없다.

자발적으로 사회 활동에 참여하는 민주시민인 나는, 교자봉이다.

17. 아이들에게 강렬한 경험 하나를 심어주는 일

교육자원봉사 첫 시간에 들어가서 물어보는 공식 질문이 있다. "디베이트를 들어본 친구 있나요? 혹시 배워본 적 있는 친구는?"

반마다 조금씩 차이는 있지만 대체로 모르거나 한두 명 정도 알 뿐이다. 질문을 바꿔서 "토론을 해본 친구는 있나요?"라고 물어보면 약간 활기를 띠긴 하지만 여전히 주저한다. 해본 적은 있지만 잘 모르겠고 자신이 없단다. 교육과정이 바뀌고 있다지만 여전히 토론문화에 익숙하지 않은 게 현실이다. 상황이 이러니 몇몇의 적극적인 학생들을 제외한 대부분의 학생들에게는 앞에 나와 자신의 의견을 말한다는 것이 여간 어려운 일이 아니다. 처음 접하는 생소한 주제, 격식을 갖춘 말하기, 잘하고 싶다는 열망. 이 모든 것 때문에 아이들의 긴장은 극대화된다. 공적인 말하기가 주는 긴장감은 어른, 아이를 막론하고 다소 공포스럽다.

이 공포를 온몸으로 받아들이는 아이 두 명을 보았다. 첫 번째 아이는 반박을 맡았다. 지난 시간에 결석을 해서 디베이트가 뭔지 전혀 알지 못한다며 실습을 앞두고 계속 울상을 짓고 있었다. 디베이트 실습을 하면서 알려주겠다며 달랬지만 자신이 맡은 반박이 도대체 뭐냐며 계속 질문을 했다. 자신의 차례가 되어 교실 앞으로 나온 아이의 활동지에는 큼지막한 글씨가 빼곡히 가득 차 있었다. 순발력 있게 준비해 온 반박의 내용도 훌륭했다. 그때 내 눈에 들어온 것은, 이성적이고 논리적으로 반박을 하는 아이의 상반신과는 달리 사시나무 떨리듯 흔들리는 아이의 가느다란 다리였다. 확연히 눈에 띌 정도의 흔들림이었다. 발표를 마치고 들어가려던 아이는 다리에 힘이 풀려 풀썩 주저앉고 말았다. 아무도 알아채지 못했지만 가까운 거리에 있던 나는 보았다. 전력을 다한 이의 아름다운 날갯짓 같은 다리 떨림…

두 번째 아이 역시 제 역할을 완벽히 소화해 냈다. 그러면서 떨리는 다리를 스스로 감지했다. 발표를 하다가 자신의 다리를 한번 내려다보더니 나를 보며 물었다.

"선생님, 제 다리가 왜 이러죠? 왜 이래요?"

내게 답을 원한 질문은 아니었다. 뭐라 답해줄 사이도 없이 아이는 다시 고개를 활동지로 돌려 하던 발언을 마쳤다. 그러고는 고개를 갸우뚱거리며 자리로 돌아갔다. 내 다리가 왜 이렇게 떨리는지를 당최 알 수 없다는 갸우뚱.

디베이트는 그런 강렬한 긴장감을 선사한다.

아이러니하게도 '디베이트가 재밌다. 또 하고 싶다'라고 말하는 아이들은 그런 아이들이다. 최고를 맛본 자. 극강의 긴장 후에 오는 카타르시스를 경험한 자. 반면 '재미없었다, 그저 그랬다'라고 말하는 아이들도 있다. 대체로, 즐기지 못한 경우에 그렇다. 두 가지 반응 모두에 책임감을 느낀다. 토론의 재미를 느낀 아이가 학교 교육 내에서 그 재미를 이어갈 수 있는 방법에는 뭐가 있을까. 토론의 재미를 여전히 모르는 아이에게 어떤 강렬한 인상을 남길 수 있을까… 단 한 번의 강렬한 재미와 인상적인 경험을 선사할 방법이 무엇일까.

다른 분야들도 마찬가지일 것이다. 전래놀이, 그림책 수업, 공예, 회복적 생활교육, 감정 놀이터, 도자기 등의 분야를 처음 접해보는 아이들이 있을 것이다. 그저 스쳐가는 단발성 수업으로 차츰 잊어버리고 마는 아이도 있겠지만 그 한 번의 경험으로 새로운 꿈을 꾸어보는 아이도 있을 것이다. 평생 한 번도 겪지 못할 수도 있는 강렬한 경험을 주는 것이 교육자원봉사다. 그게 단 한 명의 아이일지라도 말이다. 그런 아이들을 보면 내가 아이들과 이 사회에 꼭 필요한 일을 하고 있다는 생각을 갖게 된다. 내가 아니었다면 이 아이들이 어디 가서 디베이트를 배우고 토론을 제대로 해보았겠느냐며 교육자원봉사가 공교육의 한 축을 담당했다는 거창한 의미를 만들어 낸다.

앞에서 나는, 봉사를 통해 얻게 되는 마음의 보상, 높아지는 운, 지적 성장, 직업으로의 연결 등이 나를 움직이는 내재적 동기라고 했다. 학부모가 아닌 시민으로서 사회에 참여하는 민주시민의 역할을 다하는 것이 교육자원봉사를 하는 외재적 동기라고 했다. 그런데 교육자원봉사를 지속적으로 하게 되는 가장 큰 동기는 '아이들'이다. 그들의 기쁨, 그들의 떨림, 그들의 변화를 지켜보는 것이 교육자원 봉사자들을 멈추지 않게 한다.

오늘도 멈추지 않는, 나는 교자봉이다.

How

어떻게 해야 잘할까

18. 혼자서도, 함께여도 잘

교육자원봉사는 어떻게 해야 잘한다고 할 수 있을까. 혼자서도 잘하고 함께여도 잘하는 방법은 무엇일까. 쉽지 않은 문제다.

자원봉사는 자기 마음에서 우러나와서 해야 하는 것이 맞다. 하지만 그것이 자기 마음대로 하라는 의미는 아니다. 수요기관과 이용자들에 대한 예의가 기본이 되어야 한다. 내가 할 수 있는 것과 학교, 학생들이 필요로 하는 것의 접점에서 봉사의 내용이 정해진다. 상대가 뭘 원하는지에 대한 고민 없이 그냥 내가 좋아하는 것, 내가 잘하는 것을 전하고 와서 뿌듯해하면 안 된다. 자원봉사의 책임성이라는 성질에서 벗어나는 일이다.

학생과 교육자원봉사자 모두가 만족스러운 수업이 되려면 수업의 목표를 잘 설정해야 한다. 내가 가르치는 디베이트의 예를 들어보자. 소수의 학생들을 오랫동안 가르치는 경우, 수업의 목표는 세분된다. 글쓰기 역량부터 스피치 실력, 논리력에 이르기까지 내가 욕심낼 수 있는 최대치를 목표로 설정할 수 있다. 하지만 학생 수가 20명을 훌쩍 넘고 물리적인 시간의 한계가 있는 학교 수업의 경우에는 얘기가 달라진다. 겨우 두 시간씩 세 번에 걸쳐 진행되는 수업을 통해 '토론 잘하는 아이, 글 잘 쓰는 아이, 논리력을 갖춘 아이'를 목표로 둘 수는 없다. 토론의 형식을 숙지시키는 것조차 힘든 일이 된다. 따라서 20여 명의 학생들을 대상으로 제한된 시간에 성취할 수 있는 목표를 설정해야 아쉬움이 덜하다.

디베이트가 무엇인지 경험해 보는 것, 주장을 할 때는 근거를 들어야 한다는 것, 소통에는 경청이 중요하다는 것, 우리가 만나는 온갖 갈등에 대해 답을 찾기 위해 끊임없이 질문해야 한다는 것. '이 중 하나만이라도 전할 수 있다면 충분하다'는 생각을 가지면 수업을 대하는 마음이 조금은 편안해진다.

교육자원봉사를 하다 보면 어느 순간 느껴진다. '내가 가려운 곳을 긁어줬구나. 토론의 재미를 느끼고 있구나.' 그런데 또 어떤 수업에서는 반대의 느낌을 경험하기도 한다. '아, 뭔가 어긋나고 있구나, 힘들어하는구나, 어디서부터 잘못된 걸까?' 따라서 기계적으로 전달만 해서는 안 된다. 학생들과 선생님의 반응을 예민하게 관찰하고 기민하게 반응해야 한다. 수업은 생물과도 같다. 나와 학생들이 끊임없이 교류하면서 진화하기 때문이다. 그러다 보면 서로의 필요와 욕구가 맞아떨어지는 순간, 합이 맞춰지는 순간이 온다. 교육자원봉사자들이 매주 연구모임을 하고 더 좋은 콘텐츠를 위해 고민하는 이유이다.

교육자원봉사센터의 봉사단들은 매주 모여 연구모임을 갖는다. 수업에 필요한 재료와 활동지를 준비하고 돌아가며 수업 시연을 한다. 지난 수업을 돌아보며 미흡했던 점들을 보완한다. 새로 만나는 학년, 학급 인원에 맞춰 수업 내용을 수정한다. 수업과 관련된 책을 읽고 토론을 하거나 역량 강화를 위한 심화 과정을 진행한다. 해당 분야에서 전문가로 활동할 수 있는 역량을 갖추게 되고 다양한 곳에서 강사로 활동하게 된다. '만나면 수업 얘기만 하는 바보'

라고 서로를 놀려대지만, 수업에 진심인 사람들이다. 봉사로 시작한 일이지만 전문성을 높이기 위해 노력하기를 게을리하지 않는다. 학교가 우리를 원하는 이유는 '무료이기 때문'이 아니라 '전문가이기 때문'이어야 한다. 공부, 연습, 준비를 꾸준히 하는 이유다.

교육자원봉사를 혼자 하는 사람이라면 수요자인 학생과 학교에 대한 예의와 배려, 전문성 강화, 거기까지만 있어도 된다. 하지만 팀으로 움직이는 봉사의 경우에는 팀원들을 위한 배려도 '잘하는 봉사'에 필요하다. 모두에게 가치 있는 경험이 되기 위해 각자 할 수 있는 일이 무엇인지, '우리'가 함께 봉사하는 시간이 의미 있도록 하려면 어떤 노력을 해야 하는지를 끊임없이 고민해야 한다.

어느 조직에나 있듯이 교육자원봉사자 중에도 의미와 가치를 공유하지 못하는 사람들, 더 이상 함께 가지 못하는 이들이 더러 있다.

봉사의 이유와 목적이 다른 사람

연구모임 날 아침이 되면 모두가 비슷한 마음일 것이다. '아… 가기 싫다… 봉사만 해도 힘든데 봉사 준비에도 이

렇게 시간을 써야 하다니…’

그럼에도, 가르치는 봉사이기 때문에 수업을 설계하고 준비하는 것에 게으름을 피울 수는 없는 일이다. 준비하는 만큼 양질의 수업이 가능함을 몸소 깨달은 자는 더더욱 그렇다. 과제를 챙겨 교육자원봉사센터에 도착했는데 단톡방에 어떤 이의 메시지가 뜬다.

“오늘 빠질게요. 요즘 너무 바빠서 오늘은 하루 쉬어야 할 것 같습니다.”

누구도 뭐라 할 수 없다. 봉사니까. 내 몸이 힘들고 내 상황이 여의찮은데 봉사를 나설 수는 없는 노릇이다. 공동체를 위한 일을 하는 것이지만 따지고 보면 공동체는 개인의 집합이다. 각 개인이 행복하지 않고 힘든데 공동체의 행복이 무슨 소용 있겠는가. 다만, 씁쓸하고 힘이 빠질 뿐이다.

이럴 땐 다행히도 모두를 일으켜주는 어떤 이가 있다.

“할 수 없죠. 그분은 우리와 이유, 목적이 다른 거예요. 우리는 착실히 준비해서 수업을 잘 해내고 싶은 마음이 더 큰 거고 그분은 그저 ‘봉사’만 목적인 거예요. 우리가 준비한 결과물을 그냥 가져다 쓴다고 뭐라고 할 이유도 없어요. 우리가 필요해서 만든 거니까요. 그냥 그렇게 생각하는 게

편하지 않을까요?"

이렇게 중심을 잡아주는 봉사자의 다독임으로 다른 봉사자들은 가던 길을 가게 된다.

양다리, 아니 문어 다리

용인 교육자원봉사센터에는 하나의 규칙이 있다. 한 명의 봉사자는 하나의 봉사만 할 것. 현재 10개의 분야가 있지만 그중에 정말 원하는 한 곳에서만 봉사를 하자는 것이다. 이것저것 다 배우고 싶고 나에게 맞는 것을 찾고 싶은 게 사람 심리겠지만 그러다 보면 경계가 허물어지고 책임감은 덜하게 될 것이라는 운영진의 판단이었다.

몇 년 전, 용인교육자원봉사센터에서 새로운 봉사자 입문 과정을 모집할 때의 일이다. 기존에 없던 프로그램으로 다양성을 확보하기 위해 '그림책 리터러시, 종이인형 패널 시어터, 환경교육, 용인 마주하기' 등 새로운 과정이 개설됐다. '따분한 디베이트 대신 다른 걸 배워볼까?', '디베이트와 접목할 만한 새로운 것을 배워보고 싶은데?'라는 마음이 생길 만큼 내게도 솔깃한 프로그램들이 마련됐다. 하지만 나를 비롯한 모든 봉사자가 참았다.

단 한 분은 달랐다. 벌려 놓은 일이 너무 많아 봉사는 더 이상 힘들 것이며 따라서 연구모임이나 협의회도 거의 참석하지 못하겠다던 분이었다. 언젠가 다시 합류할 거라는 다짐을 하신 터라 우리 봉사팀에서 소외되지 않도록 신경을 써왔다. 그런데 그분의 성함을 새롭게 개설된 입문과정 신청자 목록에서 확인했다. 새로운 분야에 도전하는 그분의 각오, 봉사에 대한 열정과 신념이 묻어나는 지원서를 보며 서글픔이 몰려왔다. 개인의 성향, 욕심, 욕망 그 모든 것을 인정하고 수용한다고 치더라도 개인이 던진 돌멩이 하나가 봉사팀에 일으킬 파문은 작지 않을 것 같았다.

이때 단호히 말해주는 어떤 이가 있었다.

"뭐 어쩔 수 없죠. 우리가 뭐라고 말할 수 있겠어요. 개인의 선택이죠. 우린 그냥 우리 할 일을 하면 되는 거죠."

그랬다.

자발적 동기와 목적에 의해 움직이는 자원봉사자에게 무엇을 강요하고 무엇을 기대할 수 있단 말인가. 아무리 팀으로 묶여있다고 해도 어디까지나 자신의 만족이 우선이어야 하지 않겠는가. 그 모든 것이 자발적으로 우러나와야 하는 것 아니겠는가. 그러니 우리는 더욱 자유로운 공동체가 되어야 한다.

하지만 동시에, 교육자원봉사자는 공동체에 기여하는 시민의 모습을 아이들에게 보여주는 일이기도 하다. 각자의 행복이 가장 중요한 가치이기는 하지만 공동체에서 각자 맡은 바 책임을 다하는 것의 가치를 몸소 보여주는 사람이다. 그러니 우리는 더욱 책임 있는 공동체가 되어야 한다.

우리의 전문성을 강화하기 위해 끊임없이 연구하고 교육자원봉사의 가치와 의미를 공유하며 씩씩하게 손잡고 갈 때, 교육자원봉사를 잘할 수 있다. 자유롭지만 책임감 있는 전문가 집단이라는 것이 교육자원봉사의 강력한 무기이자 경쟁력이다.

19. 교육자원봉사가 활성화, 확산되려면

어떤 사업이 활성화되는 데 있어 가장 중요한 건 뭐니 뭐니 해도 '홍보'가 아닐까. 교육자원봉사도 마찬가지다. 그게 뭔지 알아야 봉사를 해보겠노라 나설 것이고 그런 기구와 봉사자가 있다는 것을 알아야 봉사를 요구할 테니 말이다. 물론 이미 여러 방법으로 홍보는 이루어지고 있다. 학부모 대상 교육청 연수나 교사 연수 등에서 홍보영상을 보여주고 있으며 연수 자료집 틈에 교육자원봉사 광고지도 끼워주고 있다. 아무도 관심 갖지 않는 방법으로 아무도 책임지지 않는 돈을 쓰고 있는 셈...

돈 들이지 않으면서 사람들에게 인상 깊은 기억을 남길 만한 홍보 방법이 필요하다. <교자봉 활성화 TF> 팀에 있던 시절, 자나 깨나 아이디어를 구상했다. 내가 아무리 혼자 고민하고 아이디어를 구상해 봐야 반영되기 쉽지 않다는 것은 알고 있었다. 혼자만의 브레인스토밍을 거쳐 무릎을 치는 아이디어가 나왔더라도 교육청 수장의 가치관과 맞지 않거나 현실화할 방법이 없다면 관심 받지 못할 아이디어. 그럼에도 불구하고 끊임없이 고안해 내고 있다. 툭툭 던진 아이디어들이 누군가의 머릿속을 맴돌다가 실현 가능한 시점에 세상으로 나오게 될지 모를 일이니 말이다.

첫 번째 구상 : 유튜브 채널 개설

'경기도 교육자원봉사'라는 딱딱하고 긴 이름 대신 뇌리에 박힐 만한 이름이 필요하다. 공모전을 통해 경기도민들에게서 아이디어를 받으면 제일 좋을 것이다. 내가 생각해 본 이름은 "경기 교자"다. 유튜브 채널 이름은 "경기 교자 맛 좀 보자!"

혹시나 '교자'라는 단어가 일본어인지 확인도 해봤다. 그러한 설이 있기는 하지만 사실이 아니란다. 오히려 일본 입장에서 볼 때 '교자'라는 단어가 한국에서 온 외래어라니 일단 사용에 문제는 없다. 충주시 공식 유튜브처럼 빵 터지지는 못하겠지만 사람들에게 지속적으로 노출되는 영상 제작이 필요하다는 생각에 채널까지 구상하게 됐다. 매주 경기도 각 시군구에서 활동하는 교육자원봉사자를 찾아가 그들의 활동 모습을 담아내는 것이다. 당연히 재미는 필수다. 재미없으면 누가 보겠는가. 동글동글 귀엽게 빚은 만두 모양 탈을 쓰고 다니는 상상까지 해본다.

두 번째 구상 : 홍보송

뇌리에 쏙쏙 박히고 입에서 흥얼댈 만한 홍보송이 필요하다. 그러려면 '아기 상어 뚜루루루~'처럼 누구나 알 만한 노래를 개사하는 게 제일 빠를 테다. 저작권료만 해결된다면 '상어 가족'도 좋겠다.

한때 몰아쳤던 트로트 열풍에 합류해, ＜내가 바로 홍잠언이다＞라는 노래를 개사해 보았다. 아무도 시키지 않은 일을 이렇게 해대고 있다. 갑자기 생각나서 끼적여놓았고 책상 정리를 하다 보니 그냥 버리기가 아까웠다.

<내가 바로 교자봉이다~~~>

먹고살기 바빠서 할 수 없었다

봉사가 대체 뭐더냐

봉사는 처음이라 기죽지 마라

전문가란다

봉사를 왜 하냐고 묻지를 마라

나도 자란다

사는 게 아무리 힘들어도

폼나는 사람으로 살아간다

나는 나는 나누는 사람

내가 바로 교자봉이다

에버랜드 <아마존 익스프레스> 안내 근무자들의 멘트를 개사하기도 했다. 빠른 템포의 속사포 같은 랩을 시종일관 적당하게 유지되는 텐션과 정확한 전달력으로 읊는 게 생명이다. 교육자원봉사 연수에서 봉사자분들께 시켜보았는데... 타령 수준으로 늘어져버려 난감했던 기억이 난다.

내 앞에 있는 봉사자의 안내를 따라

한 번에 두 반 두 번에 네 반

하다 보면 계속하게 되는

교! 자! 봉보로 봉보로 봉~~

처음 해서 재밌고

재밌어서 또 하고

감동해서 같이하고

너무 좋아 계속하는

교! 자! 봉보로 봉보로 봉~~

마음? 젖습니다.

눈가? 젖습니다.

행복에, 젖는 겁니다.

함께하니 더 즐거운

여기는 교자교자봉~~~

세 번째 구상 : 신조어

재미 삼아 교육자원봉사 관련 신조어를 만들어 봤다. 생겨나자마자 사어가 될 운명인 단어. 나의 머릿속이 교자봉으로 가득 차 있음을 증명하는 것만이 그들의 소임일지 모르겠다.

- '봉린'이
  - 재주와 능력이 뛰어난 젊은이를 일컫는 '봉린'이라는 말에서 유래.
  - 자신이 가지고 있는 재주를 남들과 나누는 능력이 뛰어난 교육자원봉사자들을 뜻한다.
- 봉며들다
  - '봉사'라는 단어와 '스며들다'라는 말이 합쳐진 말.
  - 봉사활동에 스며들다.
- 봉수래 봉수거
  - 봉사하는 손으로 왔다가 봉사하는 손으로 간다.
  - 사람은 세상에 태어날 때부터 봉사하는 마음, 나누는 마음을 가지고 태어나며 죽을 때도 가진 걸 나누며 간다.
- 봉세권
  - '봉사' + '역세권'
  - 봉사를 할 수 있는 환경이 조성된 곳, 또는 봉사를 하는 사람이 많은 지역.
- 봉드레 만드레
  - 봉사에 몹시 취하여 정신을 차리지 못하는 모양.
- 봉년기
  - 봉사를 할 수 있는 최적의 시기.
  - 나이에 상관없이 봉사를 왕성하게 하는 시기.

봉세권에 살면서 봉드레 만드레 봉년기를 즐기는, 나는 교자봉이다. 아니 '봉린'이다.

네 번째 구상 : 자원봉사 세액공제

정치 후원금, 종교단체 기부금 등 각종 기부금에 대해서는 연말에 세액공제를 받을 수 있는데 자원봉사는 그런 혜택이 없다. 비열한 자본주의 사회가 아니고 무엇인가. 돈으로 기부하는 것에는 혜택을 주면서 시간과 재능을 기부하는 것에는 입을 딱 씻다니... 불현듯, '어떤 혜택이 있을 수도 있다, 나만 몰랐을 수도 있다'는 생각에 검색해 보았다.

"특별재난지역에서 자원봉사활동을 한 경우 봉사일 수 1일당 5만 원을 기부금으로 인정받아 세액공제를 받을 수 있다."

해당 자치단체나 전국재해구호협회 등을 통해 피해 지역 이재민에게 구호 물품을 보낸 경우에도 그 가액을 전액 세액공제 받을 수 있다고 했다. 자원봉사의 영역이 제한되어 있기는 했지만 고무적이었다. 시간을 들이고 노동을 투여한 것에 대해 인정해 준 것 아니던가.

일반 자원봉사에 대해 혜택을 주는 곳이 전무한 것은 아니다. 지자체에 따라 조금씩 다르기는 하지만 50시간이나 100시간 등 일정 시간을 채우면 자원봉사증을 발급해 주고 여러 가지 혜택을 준다. 공영주차장 주차요금 할인, 시군구 자치회관 수강료 할인, 박물관 관람료 할인 등이 그것이다. 어떤 시에서는 100시간 달성 시 만 원, 최대 5만 원(500시간 달성 시)의 인센티브를 제공하는 곳도 있었다. 용인의 경우 4시간 이상 자원봉사를 하면 만 원 정도의 실비를 지급한다. 하지만 이런 인센티브가 자원봉사를 시민의 소양으로 자리 잡게 만들 만큼 획기적인 유인책이라는 생각이 들지 않았다. 자원봉사를 했지만 혜택을 받으려면 일부러 박물관에 가야 하고 수업을 들어야 한다. 기본적으로 주어지는 혜택이 아니라 선택적으로 쥐어지는 것이다. 90시간을 봉사한 사람은 100시간을 채우지 못해 아쉬워하고 발을 동동 구를지 모른다. 10시간 모자라 만 원 못 받았다고 말이다. 실비 만 원 받자고 4시간 봉사를 한 게 아님에도 불구하고 만 원 한 장에 목매는 사람처럼 보이게 되는 경우도 많다. '안 하고 말지' 하는 생각이 들게 하는 제도다.

뭔가 더 강력하면서도 보편적인 유인책이 필요하다는 생각에 제안하고 싶은 것이 바로 '자원봉사 세액공제'이다. 특별재난지역 자원봉사활동 외에 일반 자원봉사, 교육자원봉사를 총망라하는 제도가 마련되었으면 한다. 하루 4시간의 자원봉사를 했다면 시간당 최저시급으로 계산해서 연말에 총 봉사시간에 대한 세액공제 혜택을 주면 어떨까. 100시간 봉사하고 만 원 받는 것보다야 훨씬 의미 있지 않겠는가. 혜택을 받기 위해 박물관도 가고 주민지원센터 강의를 수강해야 하는 수고를 안 해도 되지 않을까.

세상 물정을 모르는 사람이다 보니 뜬구름 잡는 소리만 하는지도 모르겠다. 그래도 일단 여기저기 떠들고 다녀본다. 자신의 지역구 국회의원과 친분이 있다는 분께도 말씀드려 놓았고 우리 동네 국회의원과 종종 만난다는 분께도 은근히 흘려놓았다. 방법론적 현실성을 감안해 법안으로 발의될지 누가 알겠는가. 물론, 법안 발의자 중 자원봉사의 가치를 절감하는 사람이 있어야 하겠지만 말이다. 철저히 이해관계에 의해 움직이는 사람들이 국회의원이라면, 절대 관심 갖고 들여다볼 사안은 못 된다.

위의 모든 구상들이 장밋빛 미래를 꿈꾸는 철부지의 발상이었을지 모르겠으나, 이렇게 끊임없이 꿈꾸고 있어야 장밋빛 미래 근처까지 가는 것 아닐까. 그래서 오늘도 상상을 더하는 나는, 교자봉이다.

에필로그 : '봉린'이의 학교 가는 길

'봉린이'라는 말이 무슨 말일까요?
네~ 주식 초보자를 뜻하는 주린이, 골프 초보자를 뜻하는 골린이처럼 봉사를 처음 시작하는 사람을 뜻하는 말로 생각되시죠? 저도 그런 의미로 이 단어를 생각해 봤답니다.

그런데 말입니다... 가만히 생각해 보니 봉린이라는 말에는 치명적인 문제가 있었습니다. 바로 '~린이'라는 말과 결합된 신조어는 어린이를 미성숙한 존재, 깨우쳐 주어야 하는 존재로 여긴다는 비난을 받고 있다는 것입니다. 단어 하나에 너무 예민하게 군다고 생각하실지 모르겠습니다만, 적어도 학교에 나가 아이들을 가르쳐야 하는 우리 교육자원봉사자들만큼은 그런 편견을 품고 있는 단어를 사용해서는 안 되지 않을까 합니다.

그래서 '봉린이'라는 말을 과감히 버리자고 생각하던 때, 무심코 인터넷 검색창에 '봉린'을 쳐보았는데요. 아니 글쎄, '봉린'이라는 단어가 있는 게 아니겠습니까?
봉황 봉에 기린 린, 봉린.
뜻은 더 기가 막혔습니다.
"재주와 능력이 뛰어난 젊은이를 비유적으로 이르는 말".

뛸 듯이 기뻤던 그 순간이 떠오릅니다.
자신이 가진 재주를 아이들에게 나누는 능력을 가진 여러분이 '봉린'이 아니고 무엇이겠습니까?
'젊은이'라는 단어에서 찔린다고요? 마음이 젊으면 젊은이죠~ 젊은이의 정확한 나이 기준이란 건 없지 말입니다~~

교육자원봉사자들을 대상으로 하는 강의는 늘 '봉린'이 이야기로 시작한다. 교육자원봉사란 무엇인지, 어떤 마음가짐을 가져야 하는지에 대해 두 시간을 떠든다. 정답을 알기 때문에 떠드는 것은 아니다. 정답을 찾는 여정을 계속 함께하자고 설득하는 것이다.

교육자원봉사는 평소 내가 인지하지 못했던 수많은 고민과 질문거리들로 날 흔들어놓았다. 여러 지역을 다니며 다양한 봉사자들을 만나는 과정에서 고민과 질문은 꼬리에 꼬리를 물고 늘어났다. 명색이 강의니까 '자원봉사의 의미, 우리나라 자원봉사의 실태, 자원봉사의 효과' 같은 기본적인 내용을 전달해 드린다. 그러고 나서 본격적인 '나의 이야기, 봉사자의 길'을 이야기한다. 교육자원봉사센터에 첫발을 들여놓았던 순간부터 팀을 꾸린 과정, 그 팀들과 첫 봉사를 나가게 된 이야기, 그 안에서 생겨난 고민과 질문, 그리고 나만의 결론. 결코 이상적이지도 않고 보람으로 가득 차지만도 않은 현실 봉사자의 이야기를 들려드린다. 중간에 그만두는 이들의 고민을 들려주고, 그럼에도 불구하고 그만두지 않는 사람들의 생각도 전한다.

마지막으로, 청중의 의견을 듣는다. 봉사자들이 생각하는 교육자원봉사란 무엇일까. 그들의 마음엔 어떤 그림이 그려져 있을까. 막연한 질문이지만 구체적인 답을 유도하기 위해 이미지를 활용한다. 사진으로 자신의 생각을 비유적으로 표현해 보는 것이다.

"교육자원봉사는 달콤한 초콜릿이다. 중독성이 있기 때문이다."

"교자봉은 지구다. 서로가 얽혀있는 유기체로 봉사가 또 다른 봉사로 이어지기 때문이다."

"교자봉은 연날리기다. 적당한 힘 조절과 관심이 필요하며 욕심을 부리면 끊어질 수도 있지만 관심을 주면 어느 순간 알아서 멋지게 날아준다."

"교자봉은 여유로움이다. 내 마음이 편해야 할 수 있다."

"교자봉은 발자국이다. 한 번의 인생을 살면서 누군가에게 도움을 주는 인생, 잘 살았다는 흔적을 남기고 싶다."

"교자봉은 문이다. 나와 아이들이 새로운 경험의 문을 여는 것이다."

"교자봉은 황금 똥이다. 잘 먹고 움직여야 볼 수 있는 황금 똥처럼 내가 열심히 공부하고 많이 움직인 만큼 좋은 교육봉사를 할 수 있는 것 같다. 땅을 비옥하게 하는 비료처럼 나의 교육봉사가 아이들의 지식과 경험을 비옥하게 하는 데 도움이 되었으면 좋겠다."

"교자봉은 계란말이다. 각각의 재료가 모여 영양가 많은 요리로 재탄생하는 것 같다."

"교자봉은 민들레 홀씨다. 멀리 날아가서 또 다른 꽃을 피울 것을 기대하기 때문이다."

"교자봉은 잘 익은 된장이다. 시간이 지나야 그 가치가 빛을 발한다."

"교자봉은 회전목마다. 나의 봉사가 선한 영향력이 되어 다시 돌아와 인생의 선함을 누리게 할 것이다."

나와 함께 봉사를 하는 선생님은 이렇게 말씀하셨다.

"봉사를 하고 나오는데 뿌듯한 무언가가 가슴에 차오르는 것이 느껴졌어요. 어떤 다른 일을 할 때보다 누군가를 가르치는 것이 뽀대가 나서 좋은 것 같아요."

보람찼기 때문이 아니라 뽀대가 나서 좋았다는 이야기가 솔직하게 느껴졌다.

누군가를 가르친다는 건, 그것도 봉사로 한다는 건 뽀대나는 일이 맞다. 나에게도 좋은 게 있어야 봉사를 할 수 있는 법이니까. 그 맛에 나도 봉사를 한다.

2022년 말, 교육자원봉사센터 워크숍이 있었다. 워크숍은, 개개인이 교육자원봉사에 대해 가지고 있는 내면의 갈등과 번뇌, 기쁨과 보람을 수면으로 끌어내 함께 공유하고 공감하는 자리가 되었다. 회복적 생활교육 봉사팀에서 준비한 공동체 놀이가 끝날 즈음 사회를 맡았던 봉사자 선생님이 눈을 감으라고 했고 모두의 손가락에 큼지막한 보석 반지 하나씩이 끼워졌다. 그저 빨아먹으면 그만인 보석반지 사탕일 뿐인데 봉사자들 모두 어찌나 기뻐하던지…

배우 윤여정은 말했다.

"내가 좋아하는 사람과 좋아하는 일을 하며 살아가리라. 그게 나의 최고의 사치이리라. 그래서 난 지금 사치를 하고 있는 거예요."

나의 삶이 이렇게 사치스러울 수가 있나 싶었다. 팍팍한 살림을 걱정하면서도 당장 일터로 나가 한 푼이라도 더 버는 대신 봉사를 선택한 나. 종교인들이 십일조를 내듯 사회에 십일조 내는 마음으로 봉사를 하는 나. 어느 날씨 좋은 봄날에 휴양림 한가운데 앉아 보석반지 끼고 한가로이 바람을 느끼는 나…

나의 삶이 이렇게 사치스러워서 다행이다. 강의로 돈을 버는 시간만큼의 봉사를 하게 된 나. 누가 시켜서가 아니라 내가 원하는 일을 내가 원하는 시간에 내가 원하는 방식으로 하는 나. 몇 캐럿짜리 다이아몬드 반지가 아니라 보석반지 사탕 하나에도 감동받는 나. 앞으로도 한동안은 이 사치를 누리고 싶은 나.

꾸준히 헌혈을 하고 있는 남편은 말한다.

"돈만 많았어봐. 피 말고 돈으로 기증했겠지. 내 피는 코로나 슈퍼 면역 피라 전 세계 사람들에게 나눠줘야 해."

아내는 봉사로 사회에 기부하고 남편은 피를 나누고 있다. 부부가 쌍으로 사치스럽다.

세상에 절대적으로 완벽한 것은 없다.

영원을 기약할 수 있는 것도 없다.

교육자원봉사도 마찬가지다.

긍정적인 면이 많지만 문제점과 한계도 분명히 있다. 언젠가 끝도 있을 테지.

그 점을 알리고 싶었다.

의미 있고 보람찬 일이지만 그만큼 힘들고 고민해야 할 지점이 많다는 것을.

참 좋은데 누구에게 함께하자고 말하기에는 힘든 부분이 많다는 봉사자도 있지만, 뭐가 좋은지 잘 모르겠어서 그만두는 사람도 있다는 것을.

나누고 싶은 게 있어서 한다.

학교라는 공간에서 아이들을 만나는 게 좋아 봉사를 한다.

할 수 있는 것을 할 수 있을 때 할 수 있는 곳에서 하기 위해 교육자원봉사를 한다.

나는, 우리는, 교자봉이다.

저/자/약/력

▌**송유정**

대학에서 정치외교학을 전공했다.
개인과 세상의 변화를 이끌어 내는 방법으로 디베이트와 교육자원봉사를 선택했다.

다시, 학교에 갑니다

|저자| 송유정

|1판 1쇄| 발행 2024년 7월 15일

|발행인| 김 동 훈
|발행처| **공 동 체**

|주소| 경기도 고양시 일산동구 호수로 358-39, 동문타워Ⅰ 905호(백석동)
|전화| 031) 814-3000(대표)
|팩스| 031) 814-3100
|홈페이지| http://www.compub.co.kr
|전자우편| compub@naver.com
|출판등록| 2005년 10월 6일
|등록번호| 제396-2005-36호

|ISBN| 979-11-6725-708-6
정가 14,000원